循環と共存の森から

狩猟採集民ムブティ・ピグミーの知恵

船尾 修
funao osamu

新評論

はじめに

本書の舞台となる「イトゥリの森」とは、アフリカ中央部の熱帯雨林のなかでも、もっとも原生林が美しいといわれるコンゴ民主共和国の東北部に広がる森をいう。熱帯雨林は近年、「生物多様性の宝庫」と表現されることが多いことからもわかるように、地球環境を考えていく上できわめて重要な地域として位置づけられるようになってきた。

さて今回のお話は、そのイトゥリの森に暮らすピグミーについてである（かれら自身は自分たちのことをムブティと呼んでいる）。ピグミーに関しては、「世界でもっとも身長が低い民族」という称号を与えられてきたので、名前だけは聞いたことがある人が多いにちがいない。わたしは二度にわたってかれらの暮らす森のキャンプに住み込み、計五か月のあいだ撮影・取材を行なった。本書は、ムブティたちと共に暮らしながら森のなかで感じたこと、考えたことをもとに、「地球と人間の関係性」を深く考えてみようとするものである。

ところで、なぜ、ムブティの暮らしに興味をもち、かれらのことを取材しようと思い立ったのか。アフリカの熱帯雨林のなかで、わたしはいったい何を見て、どのようなことを撮影しようと思ったのか。それに対する答え、理由こそが、まさにこの本の骨格を形づくる主題になっている。

わたしの関心の中心は、マスコミが好みそうな「世界最小の人」とか「アフリカ奥地の少数民族」といった観点にはない。そういった人たちが無垢であり目が澄んでいるというようなステレオタイプで一方的なものの見方にはむしろ辟易している。

ムブティのライフスタイルは、狩猟と採集の生活を基盤としている。わたしが惹きつけられたのは、この狩猟と採集という生業だった。世界各地には現在、熱帯雨林地域と極地周辺に、狩猟と採集にたよって暮らしている人たちがごく少数ではあるけれど存在している。こうした狩猟採集民のうち、わたしが今回、どうしてムブティを取材対象に選んだかというと、それはたまたまというしかない。アフリカにはこれまで旅や取材や登山などで通算すると六年以上も滞在してきたので、他の地域と比べると、だんぜん土地勘があるほうだ。狩猟と採集を生業とするムブティがアフリカ中央部の「イトゥリの森」に住んでいることは、以前から聞きおよんで知っていたというわけである。

では、狩猟と採集の生活というのは、いったいどのようなものなのか。そのようなライフスタイルから、わたしはいったい何を学ぼうと思ったのか。

現在、地球上に暮らす人間の九九・九パーセント以上は、農耕に生活の基盤を置いている。文明人だと自称するわれわれを含めて、ほとんどすべての人たちは生きていくのに必要な「食べること」を農耕に依存しているのである。農耕という生業はしかし、大昔からあったのではなくて、せいぜい一万年程度の歴史をもっているだけだ。世界四大文明がすべて大河川に沿って農耕に適した土地に生まれたことからもわかるように、農耕の発明は人類に定住と安定をもたらした。やがて都市の発展と、人口の増大を引き受けていくのも、農耕の発達と時を同じくしている。

それにくらべて狩猟採集という生業は、人類が一方的に自然界から食べものを奪取する暮らしだから、有限な自然のなかでは人口を一定以上増やすこともできないし、また自らが自然のサイクルに溶け合っていかなければ成り立たない暮らしだといえる。

われわれ「文明」を享受している者から見れば、狩猟採集という生き方はひどく遅れたものと映るかもしれない。飢餓線上にいる食うや食わずの人たちだというイメージさえある。

しかし……では農耕の延長線上にあるわたしたちの世界ははたして手放しですばらしいといえるのだろうか。豊かであると言い切れるのだろうか。産業文明社会、情報化社会という時代に住むわたしたちの世界には、地球環境の汚染、貧富の差の拡大、人々の心の荒廃、家族や共同体の崩壊……数え切れないほどの「悲劇」がまるで堰を切ったように表面化してきている。特に人類と自然環境との折り合いについての課題は切羽詰ったところにまできている。

地球全体をひとつの生命体と考えたとき、他の生きものや環境に負荷をかけ続けながら人間だけが無限に人口を増やし、繁栄していくという考え方には、どうしても無理がある。そのことに人間はすでに気づいているのだが、では解決に向けて何をどのようにしたらよいかというと、いまだ妙案はないというのが正直なところだ。

温故知新というわけではないが、人間がいつごろからこのような事態に陥ったのかを、時代をさかのぼって考えていくと、農耕の発明に行き着くのではないかとわたしは思う。農耕という生業は、人間が地球の表面に手を加えてやることによって、人工的な自然を創出することに他ならない。つまり環境を改変することによって、自然を人間の都合のよいようにコントロールすることである。人口がまだ少なかったころには、そうした加工が地球に与える影響は目に見えるほどのものではなかったことだろうが、近年盛んに取りざたされている環境への悪影響は、何もつい最近はじまったものではなくて、一万年という時間の累積の結果なのだ。

では、それ以前のライフスタイルである狩猟と採集という暮らしは、農耕社会に生きる人の暮らしと、どのような点が根本的に異なるのだろうか。両者の違いを考えてみることで、袋小路に入り込んでしまったかに見える現代の社会が抱える数々の課題に対して、何か解決に向けたヒントが見えてくるのではないだろうか。人間がこれからもよりよい世界を生きていくために。

そのような思いを胸に、わたしはイトゥリの森へ旅立った。

そして、そこで体験したムブティたちとの暮らしとは……。

もくじ

はじめに　1
コンゴ民主共和国とイトゥリの森　周辺図　8

1 **プロローグ——紛争が勃発したコンゴへ**　10
反政府ゲリラの支配する地／国境突破

2 **再会**　20
段ボール箱に詰められた札束／倦怠と活気が混じりあう青空市場／ご馳走　ワリ・ナ・ソンベ
金をむしりとられるシステム／熱帯雨林のぬかるみを抜けて／森の民との八か月ぶりの再会

3 **なぜ、ピグミーなのか**　41
伝説の中のムブティ・ピグミー／狩猟採集と農耕との決定的な違い／人間が生まれもって抱える「矛盾」

4 **コンゴ民主共和国**　56

一旅行者の目に映ったコンゴ／奴隷貿易と植民地経営／五泊六日の鉄道の旅
コンゴ、混乱と混沌が支配する国／リンガラ音楽の都キンシャサ

5 イトゥリの森へ 76
ムブティ・ピグミーに会いに／謎の道路工事とカトリック神父／カドドに居残ることが許される

6 カドド 91
森の中のムブティしか知らない世界／カドドから森の狩猟キャンプへ
競争させることが「教育」なのだろうか／ムブティのありのままの姿を撮ろう／定住集落マテンボでの踊り
「首長」のパフォーマンス／「労働」とは何かを教える／伝統と発展の折り合いのつけ方

7 狩猟と採集 124
念願の狩猟キャンプでの暮らし／クンギャの儀式／獲物を仕留める／猟場から猟場への移動
ムブティの身長が低い理由／捕った獲物を解体する／食料分配のシステムと意味
生命を賭ける究極のギャンブラー／人間と自然が共存するヒント

8 森の生活 177
移動生活に込められた知恵／ムブティの家、家族、集団／すべてが手づくり

「食べる」ことを中心にまわる生活／オープンな人間関係が、争いの芽を摘む
「遊び」が大人になるための訓練／森の中を循環する生命
「死」が身近にあるから、「生」が輝く社会／何ものにも代えがたい幸福な時間

9 **共存への道** 228
ムブティとの初めての邂逅／農耕民との接触／固有の言語を失ったムブティ／共存相手との柔軟な関係

10 **同時代に生きる** 247
イトゥリの森の伐採計画／森林伐採は単なる環境問題なのか／砂金の採掘に従事する
定住化による暮らしと意識の変化／変わるもの、変わらないもの

少し長いあとがき――身土不二の知恵への旅 265
ムブティ・ピグミーの世界をもっと知るための参考文献 271
コンゴ民主共和国を知るための基礎資料（概要／略史年表／現代コンゴを読むアングル） 278

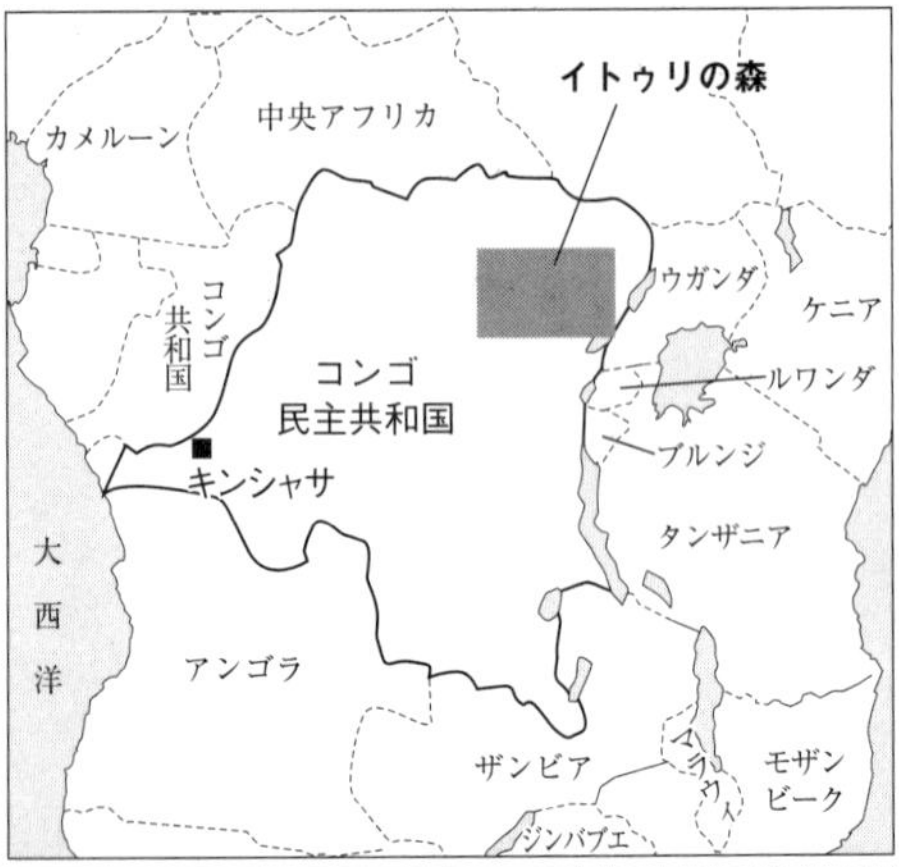
カメルーン
中央アフリカ
イトゥリの森
ウガンダ
ケニア
コンゴ共和国
コンゴ民主共和国
ルワンダ
キンシャサ
ブルンジ
タンザニア
大西洋
アンゴラ
ザンビア
マラウイ
モザンビーク
ジンバブエ

コンゴ民主共和国

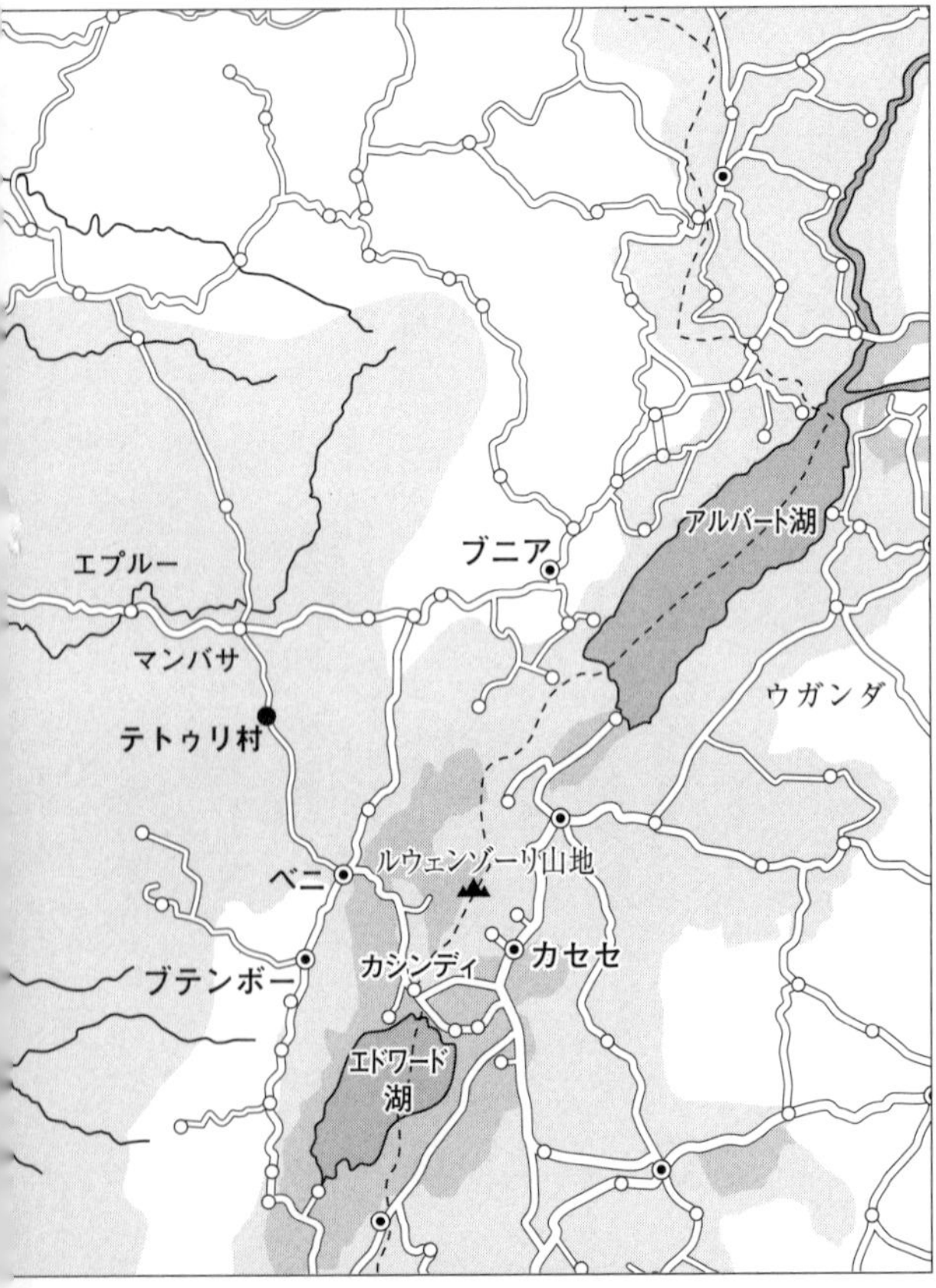
アルバート湖
ブニア
エプルー
マンバサ
ウガンダ
テトゥリ村
ルウェンゾーリ山地
ベニ
カセセ
カシンディ
ブテンボー
エドワード湖

コンゴ民主共和国とイトゥリの森　周辺図

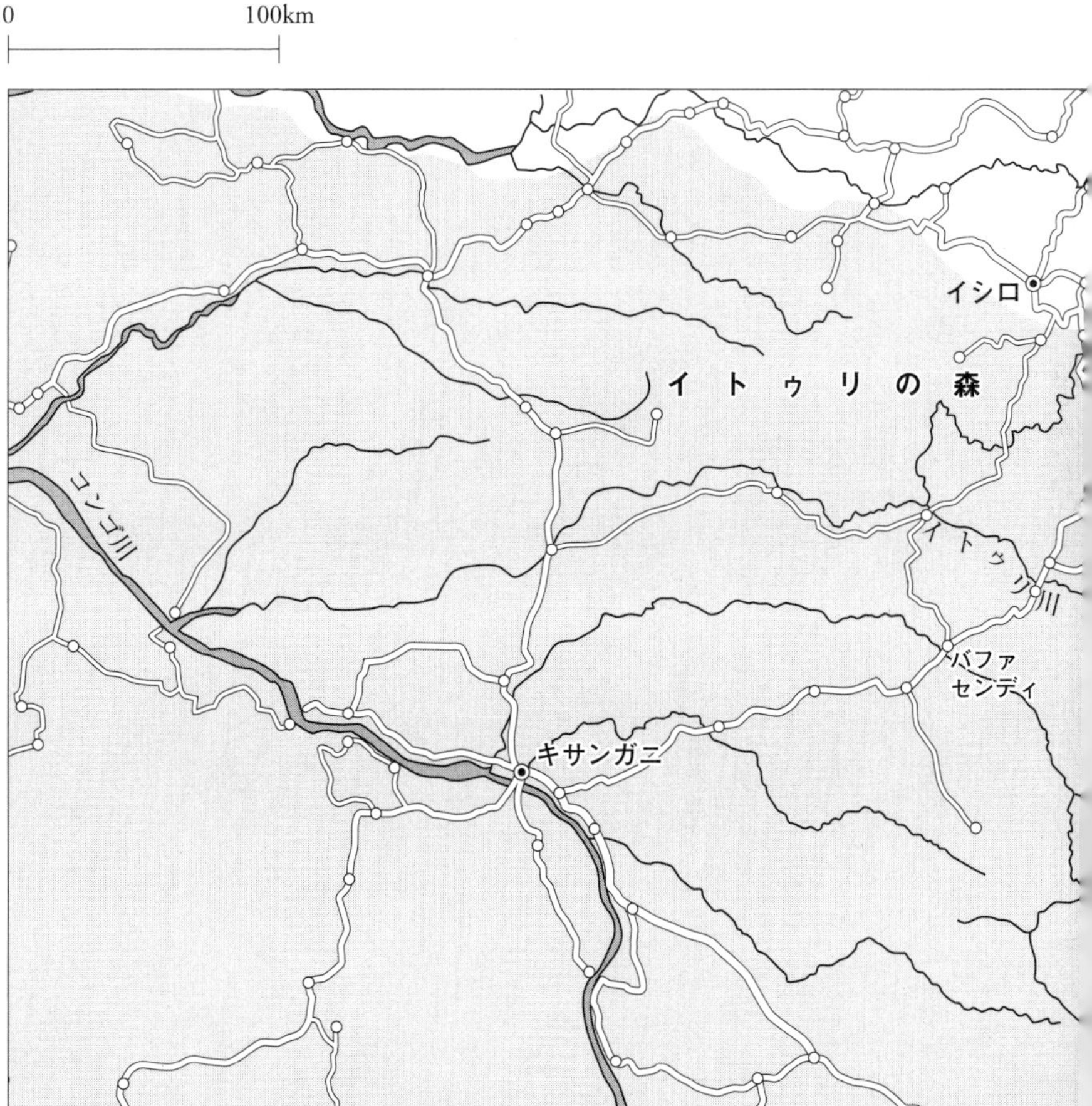

1 プロローグ——紛争が勃発したコンゴへ

反政府ゲリラの支配する地

一九九八年十一月六日。わたしはコンゴとウガンダの国境の街カシンディで、イミグレーション（出入国管理事務所）の係官と、入国させろさせないで押し問答をくりひろげていた。（注——現在アフリカには、「コンゴ」と呼ばれる国がふたつあってまぎらわしいのだが、本書でいうコンゴとは、キンシャサを首都とする旧ザイール共和国、現コンゴ民主共和国をさす。）

コンゴではその前年に、アフリカ最後の独裁者とも呼ばれ三十二年間にわたってこの国を統治してきたモブツ政権が崩壊し、ＡＦＤＬ（コンゴ・ザイール解放民主勢力連合）が新しく政権の座についていた。モブツに代わってカビラ議長が大統領に就任し、政治的・経済的に混乱のきわみにあったこの国にもようやく希望の灯がともり、前途は多難だがこれから安定に向かうだろうとだれもが予想していた。

ところが……、である。

わたしが国境で立ち往生していたほんの数か月前に、東部地域にすむツチ系の少数民族バニャムレンゲがカビラ政権に反旗をひるがえし、ゲリラ活動を展開、あれよあれよというまに首都キンシャサに迫ろうとしていた。日本の新聞の外報欄では、扱いは小さいものの、東部の都市を中心に戦闘が断続的に起きている事態や、数年前に再開されたばかりの日本大使館が再び閉鎖に追いこまれ、館員が国外へ脱出したことなどが報道されていた。

最近起こったルワンダやブルンジの内戦を持ちだすまでもなく、アフリカではひとたび内紛が勃発するとまったく収拾がつかなくなってしまうケースが非常に多い。特に民族問題が深くからんでいるとなると、解決への糸口さえ見出すことができない。コンゴよ、おまえもか……、とわたしは暗い気分になった。

いく日も経たないうちに、コンゴという国の名前は新聞紙上では見かけなくなった。日本のマスコミは何か事が起きたときにはいっせいに報道するが、国民の興味が低いとみるやそのあと続報を流すことはまずない。もっとも毎日毎日、世界中から流れてくる膨大な量の情報を扱い、国民にいち早く伝えることを責務としているのだから、それもまあ無理からぬことなのかもしれないが。いくつかの海外のメディアから、アンゴラやジンバブエに支援されたカビラ現政権と、ウガンダとルワンダに支援されたゲリラ側との内戦に発展しつつある模様を知ることができたものの、広大な国土をもつコンゴのこと、それ以上の正確な情報はだれもつかんでいないような気がした。

日ましに焦りは募っていくばかりだった。というのは、そのころ、わたしはコンゴの森に暮らす狩猟採集民ムブティ・ピグミーのもとへ通いながら写真を撮り続けていたときで、かれらの安否が気になって気になってしょうがなかったからである。かれらの暮らす居住地は、東部ウガンダ国境と、世界有数の大河のひとつコンゴ川流域に発達した都市キサンガニを結ぶ線上に位置している。今回の内戦はまさにその地域で行なわれており、キサンガニの街は戦闘によってかなり大規模な破壊を受けたとのことであった。日本の外務省は国・地域別に海外渡航危険情報を提供しているが、戦闘のニュースが流れた直後、コンゴへの日本人の渡航に関して、最大危険ランク五の「退避勧告」を発令していた。

すぐにでも現地へ駆けつけてようすを見たかったのだが、あいにくケニアとタンザニアでのテレビ関連の仕事の予定がすでに入っていた。そしてコンゴ情勢がよくわからないままアフリカ入りしたわたしは、その後一か月間、テレビ局のロケに同行した。その間、新聞や衛星テレビに注意して目をとおしていたものの、戦局がどうなっているのか結局のところさっぱりわからなかった。その後、周辺国を多数巻き込む「第一次アフリカ大戦」と呼ばれる大規模な内戦へと発展し、三百万人を越える人命が奪われることになろうとは、このときは予想だにできなかった。

テレビの仕事が終わると、わたしはその足でナイロビにあるコンゴ大使館へ出向きヴィザを申請。二日後、無事ヴィザを取得すると、その夜の乗合バスでウガンダの首都カンパラに向けてあわただしく出発した。そして何本かのローカル・バスを乗り継ぎながら、国境のカシンディに向かったのである。

国境まであと少しのところで、乗っていたオンボロバスは突然停車し、エンジン部分からはシューシューというすごい音と共に蒸気が吹き上げた。運転手はしかし驚くそぶりも見せず、空のペットボトルを拾い上げ、道路わきの草むらに姿を消した。よくあることなのだろう。戻ってきた運転手が汲んできたのは赤茶けた色の泥水。まさか、とは思ったが、かれはその水をラジエータにドボドボと流し込んだ。

エンジンは再び始動したが、百メートルも走るとまた止まった。こりゃ、だめだ。わたしはカメラバッグとザックを持ち、やはり車を見捨てた他の乗客とともに歩いて国境を目指すことにする。ウガンダ側の出国を数分で終え、コンゴ側のイミグレーションとの間に横たわる数キロの緩衝地帯をさらに歩いていると、カラシニコフ銃を肩にかけたくわえタバコの生意気そうな少年兵士が近寄ってきた。背負っているザックの中身を検査するという。そら、きたぞ、とわたしは身構えた。

アフリカの国境地帯ではこのようなシチュエーションに遭遇する確率がたいへん高い。職務に忠実に「怪しい」外国人をチェックしたい軍人もいるにはいるのだろうが、たいていは金品のたかりだったり、暇つぶしだったりする。そしてコンゴという国はザイールと呼ばれていた時代から、軍人や官憲による外国人に対してのゆすり・たかりが実に頻繁に起こる国として、旅行者の間ではつとに有名であった。

わたしの場合、このようなときは、のらりくらりと話題をそらしたり、言葉が通じないふりをしてはぐらかしたり、時間稼ぎをして切り抜けるのが常だが、時と場合によっては現金を巻き上げられてしまうこともある。悔しいし腹が立つけど、どうしようもない。相手は武器のみならず「国家権力」という抗しがたいもので武装しているだけに始末が悪い。

このときは、一緒に歩いていたコンゴ人の商人がひとり犠牲になり、かれがタバコを一本巻き上げられただけで済んだ。今日は付近で市が立つ日らしく、小金を持った商人めあてに兵士は緩衝地帯まで出張してきているらしい。

コンゴ側のイミグレーションに着いた。係官はパスポートをぱらぱらとめくり、コンゴのヴィザを見つけると、顔を近づけてしげしげと見ている。皮ジャンをはおったまだ三十歳くらいかと思われるその端整な顔立ちの係官は、ちらりとわたしの顔を見上げると、そのままパスポートをもって別室へ入っていった。……嫌な予感。案の定、しばらくして上司らしき人物と一緒にふたたび現れた係官は、無表情のままパスポートを突き返しながら、開口一番こういった。

「だめですな……。このヴィザは無効だ。あなたを入国させるわけにはいかない」

入国の際、賄賂を要求されるだろうことは覚悟していたが、のっけから入国を拒否されるとは夢にも思ってなかった。ナイロビのコンゴ大使館で正規の手続きを踏んでヴィザを取得してきたわたしは、たとえ内戦状態が続いていようとも国境越えにはなんの問題もないはずだとたかをくくっていたところがある。これまで何度か通過したことがある国境なので、ようすがわかっているという自負があった。それにだいたいコンゴのヴィザは、昔からそうだったのだがべらぼうに値段が高く、今回は二か月有効のが百八十ドルもしたのだ。なのにこれで入国させないはないでしょう。

当然のことながら係官に抗議した。

「いったいこのヴィザのどこが不備なんです？　日付でもまちがってますか。ほんの数日前におたくの大使館で取得したばかりですよ」

わたしは自信満々でヴィザのスタンプを指しながらいった。こちらのいいぶんをやはり無表情のまま聞き流した後、彼はさらりといってのけた。その返答は予想だにしないものだった。

「ナイロビにある大使館はいまだカビラ前政権が不法占拠を続けているのさ。かれらが発行したヴィザなんぞ、われわれ新政権は認めるわけにはいかないのだよ」

われわれ？　新政権？

いったい、どういうことだろう……。コンゴの政権はいつのまにか知らないうちに再びひっくり返ってしまったのか……。わたしは自分のヴィザのことも忘れて、矢継ぎばやに質問を繰りだした。その結果、次のことがわかった。

結論からいうと、すくなくともキヴ州を中心とするコンゴ東部一帯は、ゲリラ側によって完全に掌握されているようであった。国境では、出入国管理業務だけでなく、税関や検疫といった業務も、すでにゲリラ側によって再開されていたのである。内乱から三か月、コンゴでは事実上ふたつの政府が機能する事態となっており、わたしはゲリラ側の国際社会への対応の早さに舌を巻いた。

国境突破

しかし、はるばるここまでやってきたのに、すごすご引き返すのはなんともしゃくである。なんとかならないのか、と係官に執拗に食いさがると、現状ではヴィザが通用しないかわりに、ゲリラ側で臨時の通行許可証みたいなものを発行しているという。(もっともかれらは東部地域で政府としての体裁を整えつつあるので、もはやゲリラという呼称は適当ではないかもしれない。)

早くそれをいってよ、と思ったが、顔には出さず、それとなく催促する。官憲相手は下手に出るにかぎる。するとかれは勝ち誇ったような薄ら笑いをうかべながら首を横に振った。

「通行許可証は近隣の住民やコンゴに居住する外国人に対して発行しているのであって、一般の旅行者やジャーナリストには出していないのです。お引き取りください」

国境まで来ておきながら引き返すなんて……。ヴィザ代の百八十ドルはどうしてくれる。しかしそんなことよりも、ここから目と鼻の先にいるムブティ・ピグミーは無事なのか、それだけはなんとしても確認してから帰りたかった。なんとか入国する方法はないのか……。

そうだ、アントニオさんがいた！

瞬時に、あの白髪の老人のことが脳裏をよぎった。あとで詳しく述べることになるが、アントニオはコンゴに居住するイタリア人のカトリック神父で、わたしはこれまでの取材でなにかとお世話になっていた。係官に、どうしても神父に伝えることがあるのだ、訪問しなくてはならないのだ、ともっともらしくいいたてると、確約書を書けという。わたしは内心やったと思いながらも、係官の気が変わらないうちに急いで文書をしたためて渡した。

少し高いなとは思ったが、請求されたとおり六十ドルを支払うと、きちんとタイプされた通行許可証を手に入れることができた。すかさずでっぷり肥えた別の係官が現れて、右手の親指と人差し指を擦りあわせる憎いしぐさをする。さらなる金品の上乗せを要求しているのである。さすがはコンゴ。この要求はしかし当然ながら無視。そのあとも、やれ黄熱病の予防接種証明書を見せろとか、荷物のなかには何が入っているのかとか、次々と係官が寄ってきた。そのたびに少し媚びながら、例の親指と人差し指を擦りあわせるしぐさだ。

八か月ほど前にこの国境を通過したときには、前モブツ政権の腐敗を追及して新しく大統領になったカビラが政権についたばかりのころで、金品を要求されるようなことはこの国にしては珍しく一度もなく、わたしは政権が変わると人々の意識もこんなに変わるものかと非常に驚いたものだった。それが再び政権がひっくり返ったとたん、すっかりもとのもくあみに戻ってしまっている。コンゴらしいや、とわたしは苦笑せざるを得なかった。

通行許可証に記載されている有効期間はたったの八日間。交通網も道路もまったく未整備なコンゴの現況を考えたら、たったの八日間ではムブティらが暮らすイトゥリの森へ行って帰ってくることなどとてもできそうもない。しかしここで文句をいったらせっかく手に入れた許可証を取り上げられそうな気がしたので、このまま入国してしまうことにした。超過滞在《オーヴァー・スティ》してしまうのは確実だったが、あとのことはあとのことだ、どうにかなるだろう、と考え、先を急ぐことにした。

国境でしばらく待っていると、一台のミニバスが車体をぎしぎし震わせながら現れた。幸運なことに、今日は週に一度の市が開かれているので、物資や人を運ぶための交通があるのだという。すでに超満員の感があるが、次の車はいつ来るかもわからないので、なんとかスペースをつくってもらいもぐりこんだ。中国人《シノワ》だ、中国人《シノワ》だ……という囁きが、あちこちから聞こえてくる。

国境からベニの街まではゆるやかな山並みを縫うように街道が延びている。右手には真っ青な空にアフリカ第三の高峰ルウェンゾーリの山塊が浮かび上がり、山頂部の氷河がきらきらと白く輝いている。起伏の激しい土くれだった道には、たまった雨水を吸うために集まった何千、何万という色とりどりの蝶が乱舞しているが、車の運転手はそんなことにはおかまいなしに蝶の群れに突っ込んでいく。フロントガラスに激突した蝶たちは、バンパーの隙間にみるみるうちに死骸の山となって積み重なっていく。泥塀にトタンや藁の屋根を葺《ふ》いた方形の家が、ときどき思い出したようにぽつぽつと現れる。そういった集落の周辺には畑が拓かれ、トウモロコシやバナナ、パパイヤなどが植えられていた。

予想に反して、沿道には兵士による検問はなかった。ただ一度だけ、一個師団分ぐらいいる数百人の兵士が全員上半身裸になって、掛声をかけながら隊列を組んで行進するのに出会った。軍事教練らしい。

それまでにぎやかに談笑したりバナナをほおばっていた乗客らは、かれらの姿を認めたとたん口を閉ざし、緊張した面持ちに変わった。「マイマイ、マイマイ」と反政府勢力の通称をひそひそつぶやく者もいる。

わたしはウガンダで手に入れたイスラム教徒がよく身にまとっている白い布を頭からかぶり、目立たないように乗客の間に身を隠した。なにしろ撮影機材一式にフィルムも百本ほど持ちこんでいるので、内戦下の国ゆえ、荷物検査ということにでもなれば面倒なことになるのは確実なのである。ベニの街に入る手前で検問があり、わたしは兵士に目ざとく見つけられてしまい、ひとりだけ車を降ろされてバラック建ての兵舎に招き入れられた。同乗の客らは気の毒そうな面持ちでこちらを注視している。そこではろくにパスポートも見ずに通行料を要求されたが、つい先ほど作成してもらったばかりの臨時通行許可証を水戸黄門の印籠のごとく鼻先に突きつけてやると、もういい、と簡単に釈放された。この紙切れはなかなか効き目がありそうである。

ベニの街に着くと、以前になんどか泊まったことのあるホテル・ジュンボに足早に向かった。部屋にとおされ、荷物を放り投げてベッドのうえで手足をのばすと、ああ本当にコンゴに戻ってくることができたのだな、という思いがようやく実感としてふつふつとわきあがってきた。

明日からの熱帯の森への旅はどんなものになるのだろう……

ムブティ・ピグミーたちには果たして再会できるのだろうか……

この先、検問で追い返されるようなことはないだろうか……

いや、追い返されるだけならまだいい、武装勢力支配下の土地へ単身飛び込んでいくのはあまりにも無謀ではないだろうか……。

アントニオさんは……

不安材料はいくらでもある。しかしわたしにはそのとき、懐かしいイトゥリの森へ戻れるのだという喜びのほうが大きかった。

2　再会

段ボール箱に詰められた札束

水道なし。もちろん電気などなし。蛆がわいている共同のトイレ。天井の内張りには大きな穴があいている。ホテル・ジュンボは、六畳程度の部屋に調度品はベッドひとつだけというういたって簡素な宿で、これで一泊六ドルは取りすぎのような気がしないでもないが、中庭が広くとってあり、従業員も気のおけない人ばかり。わたしにはこういった宿のほうが気楽にすごせた。

夜になれば部屋に灯油ランプを入れてくれるので、日記を書いたりするぶんにはなんの不便もない。ちなみに灯油ランプや蠟燭《ろうそく》の黄色いほのかな灯りには、人の心に安らぎを与えてくれるはたらきがあり、物ごとをじっくり考えたり人と会話を交わしたりするのにはうってつけの光源である。現代の日本人に、いつもいらいらしたり神経症を病む人が増えている原因のひとつは、家の内部や街が、コンビニに象徴されるあのまばゆいばかりに輝く白色光に圧されてしまったせいではないか、と思うことがある。

翌朝、街のようすをひととおり見ておこうと、宿を出て、市場に向かった。ベニの街は、南北に走る道路沿いに一キロほど商店が連なっており、その南端に市場が位置している。

道路に面していっぷう奇妙な売店が並んでいるのがいやでも目につく。掘っ立て小屋にペンキのへたくそな字で「民間外貨両替所《フォレックス・ビューロー》」と書かれている。ここでは……なんとお金が売られているのであった。即席のベニヤ板の売台上に厚さ五センチほどに束ねられた札が無造作におかれ、こざっぱりした服装の若者がのんびりと番をしている。その光景はあまりにも漫画的といえば漫画的である。コンゴでは経済状態が非常に悪化しはじめた前モブツ大統領政権の末期、九〇年代初めあたりから銀行は開店休業状態に陥っており、銀行には本当に一銭もなかった（実際に確かめてみたのである）。だからというわけでもあるまいが、以前ならば闇《ブラック・マーケット》両替と呼ばれていたアンダーグラウンドなお金の流通が、大手を振って表面に現れてきているようだった。

「いくらなの、いま一ドルは？」

居並ぶ両替商のうち、なんとなく信用がおけそうなやつを選んで声をかけた。もっともこれまでの経験で、コンゴ人の両替屋には人をだますようなやつはいないことを知ってはいるのだが……。

「三百《トゥワサン》」

と、丸顔のかれはにこにこしながら答えた。本当は三十万・新《ヌーヴォー》ザイールという単位なのだが、桁が大きすぎて面倒くさいので、ここの人たちは自主的にデノミして、末端の位の千を省いて数えている。八か月ほど前に来たときにはレートは確か百二十五だったから、相変わらず通貨は下落を続けている。とはいっても、コンゴとしてはこれでもまだ通貨は安定状態にあるといってもよいだろう。なにしろ一九九三年にはザイール通貨が一年で一万分の一に値打ちが下がってしまったため、デノミを実施、「新ザイール」という新しい紙幣を発行して経済の建て直しをはかったこともあったほどなのだから。

百ドル分の両替をたのむと、男は引きだしを開けて、見たこともない紙幣を取りだした。どれも新札で、一、五、十と金額が三種類ある。

「……これは?」

とわたしが手にとると、男はよく聞いてくれたとばかりに「フラン・コンゴレー」と答えた。

なんということか……知らない間に、コンゴ・フランというまた新しい紙幣が発行されていたのである。銀行も郵便局も閉まっているのに、いったいどうやって流通させているのだろう。まあもっとも、そんな摩訶不思議なところがこの国の魅力でもあるのだが。

十万・新ザイールが一コンゴ・フランと等価なのだという。百ドルは三百コンゴ・フランとなる計算だ。慣れない単位に計算がややこしい。男はまだインクの匂いがするコンゴ・フランのピン札を数えはじめた。しかしわたしは、待てよ……? と気づいた。これから向かおうとしているのは、広大なコンゴの国土のなかでもド田舎もいいところ、森の真っ只中なのだ。商店や市場はあっても、どこも零細商売のところばかりだ。そんなところへ新しく発行されたばかりの通貨を持っていったって、だれもそんなもの見たこともないはずである。使えない、と一蹴されてしまうのは火を見るより明らかだ。第一、どこで買い物しても、大きな額面の札を出すたびに、釣りがないないと騒がれるんだから。

「あ、ちょっと待って。古い新ザイール貨のほうにしてください。それもできるだけ小額の紙幣のほうがいいんだけど」

われながらよく気がついた。かれはわたしの要求に「ウィ、ウィ」と調子よくうなずきながら隣の店へ入っていった。そしてしばらくすると、大きな段ボール箱を抱えて戻ってきた。

……悪い予感がした。

目の前で札束の山がどかどかと膨らんでいく。百ドル分を古い紙幣でもらうと、三千万・新ザイールとなる。頭のなかですばやく計算してみた。全部一万・新ザイールの紙幣にしてもらうとすれば……えぇっ、三千枚！　……冗談じゃない。わたしはあわてて五万の札も混ぜてくれるように申し入れた。それでも渡された紙幣は、ひと抱えほどにもなった。青いビニールの買い物袋にドサドサッと入れてもらい、ずっしりとした手ごたえを感じると、なんだかおかしくて笑いが込み上げてきた。お金を売っている人も漫画的なら、それを買っているわたしも輪をかけて漫画的じゃないか。おまけにこんな安っぽい買い物袋に入れてもらうなんて。

倦怠と活気が混じりあう青空市場

半透明の青いビニール袋をぶら下げて通りを歩いていると、すれちがう人全員の視線がわたしの手元にいってるような気がしてしかたがない。なにかの拍子にアブク銭を手にしてしまった成り金の気持ちが理解できるような気がした。

迷路のように広がるその青空市場では、人々の主食であるキャッサバの乾燥粉が山のように積み上げられ、ウガンダ国境のエドワード湖あたりから運ばれてきた黒光りする燻製魚が強烈な匂いを放っている。キャッサバは白っぽくて長細いイモだが、日本でもかつてその粉から作ったデザートがタピオカという名でブームになったこともある。

今朝収穫してきたばかりのトマトや玉ねぎ、にんにくなどの野菜や、芳香を放つ完熟したバナナやパパイヤなどの熱帯の果物は、地べたに座り込んだおばちゃんたちの前で並べられて売られている。紙巻タバコには、「アンバサダー」という地元コンゴ製のものと、「スポーツマン」というケニア製の銘柄がある。また、タバコの葉を乾燥させただけの昆布みたいな状態で売られているものもある。砂糖や塩、粉ミルク、紅茶はもちろん量り売りだ。それに中国やインドなどから入ってきているいかにも安っぽい赤や緑色のプラスチック製品、花柄模様が施されたホーローびきの食器や鍋。女が腰に巻くさまざまなデザインの色とりどりの布や、援助物資の横流しかと推定される古着の山。およそ日常生活の必需品で市場で手に入らないものはない。

肉の売り場では、毎日数頭の牛が天井から吊り下げられ、血でどす黒く染まった上っ張りを着た男たちがドスンダスンとふるう大ぶりのナイフやナタによって、肉塊が大胆に切り分けられていく。青空市場には、倦怠と活気とが適度に混じりあった空気が流れている。

いつもと変わらない庶民の営みがそこにはあった。生活があった。アフリカの市場では、収穫したものを持ちよって売り、それで得たお金で必需品を買って帰る、といった物物交換に近い本来の人間のモノのやりとりが目に見える形で非常にわかりやすく展開している。このような場所に身を置いていると、わたしたちの世界ではモノやカネの流通がなんと不透明になってしまったことか、と愕然としてしまうことがある。

青空市場においては、買い物というのは、単なるモノとカネとのやりとりを意味するのではない。売り手と買い手が互いに顔を合わせ言葉を交わしながらの、個人と個人との一対一の関係こそが大きな意味を持ってくる。売り手と買い手は互いに対等の立場であるがゆえに真剣勝負だ。売り手は一円でも高く売りつけたいし、買い手は一円でも安く買いたい。真剣勝負のあまり、相手につかみかかったり、罵声を浴びせかけたり、といったことは市場を徘徊しているとしょっちゅう見られる光景だ。売り手はときとして腐りかけた野菜をなんとか相手に押しつけたいと必死になるあまり、嘘八百をならべたてることもある。しかしもしそれがばれてしまったら、またたくまに信用を失い、客足は遠のいてしまう。あるいは逆に、買い手はどうにかして相手の商品の欠陥を見つけだそうとし、値切りを迫る。しかし欠陥が見つからなければ買い手は売り手の言い値で購入するしかない。だからこそ売り手は正直に努力して良い商品をつくりだそうとする。

正常な経済活動というものはそもそもそのようなものではないだろうか。一対一の人間の信用関係がすべてに優先する社会。集団の論理よりも人間の個が重視される社会……。わたしはアフリカの市場を歩くたびに、人間ひとりひとりが放つ圧倒的な存在感にいつも打ちのめされそうになる。そしてそのようなエネルギーを少しでも分けてもらいたくて、わたしは旅を続けているようなものである。

市場をひととおりまわって、これから森で生活するための必需品を買い揃える。といっても、食料はこれまでもムブティ・ピグミーたちに分けてもらってできるだけ同じものを食べるようにしてきたので、特別に購入していくものはない。自炊用のインド製の取っ手が付いていないアルミ鍋は三十万・新ザイール。嗜好品のコーヒー、紅茶はゴルフボール大の包みが三万、砂糖は小袋が五万。それにかれらへの土産として、米と塩、タバコなどを少々買い込んだ。米はガラス製のコップによる計り売りで、一杯が一・五万、塩はタンザニア製で一袋六万、タバコは「スポーツマン」が一カートンで百四万であった。

札束が今度は羽が生えたように豪快に飛んでいった。

ご馳走　ワリ・ナ・ソンベ

腹ごしらえをしようと市場の周辺にある食堂を片っ端からあたってみるのだが、お目当てのメニュー、ワリ・ナ・ソンベはどこにもない。アフリカの食事はどこも似たようなものであまりおいしくないよ、という人も多い。たしかに調理の仕方が単純すぎるので、そのきらいはあるといえる。しかし、なかには非常にうまいものもある。テフという雑穀を発酵させてクレープ状に焼いたエチオピアのインジェラ、ドゥラという雑穀の粉を熱湯でゆがいて餅にしその上にオクラの煮汁をかけて食すスーダンのアシーダ、豚肉を皮つきのまま煮込むマダガスカルのヘナン・キソア、……などなど。そして、コンゴのソンベもわたしの好物のひとつである。

キャッサバの若く柔らかい葉を摘み、臼と杵で筋ばった繊維をよく叩き潰し、熱帯地方特産のアブラヤシの実からとれた橙色の油（ヤシ油）と塩、唐辛子を加え、時間をかけてコトコト煮込んだものがソンベである。見た目は緑茶の出がらしそっくりだが、これを地元産の陸稲、白いごはんにかけて食べると、病みつきになるおいしさだ。しかしどの食堂でも返事は「ハイコ（ないよ）」なのである。肉か豆ならあるのだという。よくよく理由をたずねてみると、ソンベをつくるのは重労働だから、という答えであった。

あちこちで聞いてまわったからだろう、わたしがソンベを食べたがっているという話が先ほどの両替屋の男に伝わったようで、かれが自宅に来いという。一緒に食べないかというありがたい誘いだ。ベニは南北に走る道路に沿って街が発達しているが、その後背地には住宅がかなりの範囲で広がっている。かれの家も道路から二十分くらい歩いたところにあった。方型の土壁づくりに藁の屋根をかぶせた、このあたりではいたってありふれた家のひとつである。

開け放しのブリキの戸をくぐると臼や杵、箕などが散乱している庭になっており、ニワトリが数羽、地面の虫をつついているのが見えた。その一角で、でっぷりとした肉づきのよい女と、細身で背の高い女が、木製の丸椅子に腰掛けて世間話をしながら赤紫色のササゲ豆の莢《さや》をむしっているところだった。女はふたりとも、プリント模様の布を腰に巻きつけたスカートと、Tシャツ、頭にスカーフ姿という、コンゴの典型的な女性のファッションであった。

両替屋の男（マツンダという名前なのだが）は、そのふたりの女を紹介してくれた。太った女は妻で、お腹には八か月になる子を宿しているという。細身の女は、なんとかかれのガールフレンドなのだと、臆面もなくいう。さらに驚いたことに、三人は同居しているのであった。もっともアフリカにおいては、男が複数の女を妻に娶《めと》るというのはさほど珍しいことではないから、驚くに値しないことなのかもしれない。わたし自身そのような男にはこれまで何百人も会ったことがある。ただ、この家族のように三人がひとつ屋根の下で暮らしているという現実を目の前で突きつけられてしまうと、やはり素直に驚いてしまう。いや、正確には、興味が先に立つ。そのあたりをマツンダに追及すると、かれはわたしの思惑がわかっているのかいないのか、快活にこう答えた。

「ああ、ふたりとも仲良くやってるよ。ただ、あいつにはまだ子どもがない。これはいけないことだ」

マツンダは、世間でいうなら妾のほう、細身の女を指した。アフリカの人は一般的に、子どもが生まれることによって祖先が復活し、また自分自身も生まれ変わり、生命が永遠に循環していくという世界観をもっている。それは仏教でいう輪廻の考え方と通じるものがある。だから子どもをたくさん産む女性は無条件に尊敬されるのがアフリカ。

しかし、女たちの間には本当になんの確執もないのだろうか、嫉妬や憎悪といった人間の心の深層に根差す感情は表出することはないのだろうか、こればかりは男のわたしには計りかねた。

久しぶりのワリ・ナ・ソンベはうまかった。皿のうえの山盛りごはんはまるでエヴェレストのように屹立している。両端からマツンダとふたりでスプーンで掻き込んでいく。コンゴでは、ひとつの皿から二、三人で分け合って食べるのがふつうである。一般的には、ごはんよりもフーフーのほうがよく食べられている。こちらはキャッサバを乾燥させ粉にしたものを熱湯でゆがいてつくった餅。手でちぎりながらスープに浸して食べる。餅を日常的に口にする習慣のある日本人にとっては、さほど違和感のない食べものだ。

身長百八十センチをゆうに越すがっしりした体格の大男のマツンダは、そばにいるだけで威圧感を感じてしまうが、子どもがそのまま大人になったような丸顔で愛敬のある童顔はこちらをたちまち無警戒にさせてしまう雰囲気をかもしだしている。わたしは先ほど市場で疑問に感じたことをたずねてみた。

「お金の流通のことだけど。銀行が機能していないのに、どうやって日々の交換レートが決まるんだい。第一、首都のキンシャサとは連絡する方法だってないでしょう」

しばらく考えていたかれは笑って答えた。

「俺も知らんよ、そんなことは。ボスが決めるのさ。毎日、ドルを回収しに車に乗ってどこからか現れるんだ」

　マツンダの話によれば、やはりボスと呼ばれる胴元が存在するようで、店番をしているのはすべて雇われ人らしい。両替の額に応じて歩合制で報酬を受け取るのだという。外国人の姿がほとんど見られないこの国で、どうして両替商という仕事が成り立つのかと最初は怪訝《けげん》に思っていたが、よくよく問いただせば、客のほとんどはコンゴ人であるということだった。

　インフレの激しいこの国では、現地通貨は一瞬にして紙屑と化してしまう恐れが大きい。市場へ行くと、道端には小額紙幣が、まるで外れ馬券のようにびりびりに破り捨てられているのを見かけることもあった。流通業に携わる者や小金持ちは、持ち金を信用ある米ドルに換えておこうとするため、経済が不安定なほど両替屋が繁盛するのであった。政府が無能で無策であるほど、こうした統計には表れないアングラ・マネーは肥大化していく。庶民というのは、為政者や外部の者が考えているほど馬鹿でも愚かでもないのだ。生活がかかっているだけに、人々はわたしたちが想像だにしない方法でダイナミックにしたたかに生きている。わたしが国連や政府が発表する統計に表れるＧＮＰ（国民総生産）や平均賃金といった数字をまったく信用しないのは、いわゆる途上国といわれる国ほど庶民がそのような数値の圏外でしたたかに生きていることを経験上知っているからである。

金をむしりとられるシステム

　満腹になってマツンダの家を辞し、宿へ向かって歩いていると、今度は目つきのよくない男から声をかけられた。自分は内務省の官吏だと自己紹介した後で、役所に出頭するようにといってきた。内心、困ったことになったぞと思いながら、一生懸命頭の中でそいつから逃れる方法を考える。

アフリカを、コンゴを知らない人からみれば、どうしてわたしが困ったぞと思っているのか、まるでわかってもらえないだろう。外国人が、警察やイミグレーションに出向いてなんらかの登録をする必要のある国なんていくらでも存在するのだから。ではなぜ、役人から逃れようとしているか。

この国を一度でも旅行したことがある人ならだれでも経験していることなのだが、とにかくカネがかかるのであった。空港や国境での出入国の際、道路の検問、あるいは街中でも、場所を選ばず小刻みに所持金はむしりとられていく。わざわざ宿にまで集金に出向いてくるケースもあった。だれがって？決まっている……、出入国管理官だったり、税関員だったり、警察官、あるいは軍の兵士の諸君らである。日本人の常識からするとにわかには信じてもらえないかもしれないのだが、公務員や官吏、治安関係の職業に従事する人の多くは、収賄にたよって生活している。なぜなら、国の財政基盤は極端にもろく、何か月も何年も給料を支払われていないケースがとても多いという。だからなんとかして自力で稼ぎださなくてはならない。みんな生活のために必死なのである。外国人は非常に目立つ存在なので、かれらの格好のターゲットとなってしまうのだ。外国人は全員リッチだと信じて疑わない人が、コンゴにかぎらずアフリカにはとても多い。

わたしは内務省の係官に促されて、ロータリーの一角に建つ古びた二階建てのビルに入った。がらんとした部屋に、口髭の男が暇そうに座っていた。パスポートの提示を求められ、そいつと机をはさむように腰を下ろすよう命じられた。状況にもよるのだが、わたしはパスポートの提出はできるだけ拒むようにしている。というのは以前、やはりコンゴで役人にパスポートを隠されてしまい、返してほしかったらカネを払えと迫られたことがあったからだ。読者のなかには、話をおもしろくするためにわたしが少々オーヴァーに語っていると感じる人もいるとは思うが、これは実際にあったことである。もちろんこちらに非があるわけではない。通行料という名の賄賂を要求されただけの話である。

いつもだったらとぼけるのだが、今回は戦時下に滞在しているという緊張のためか、パスポートをつい渡してしまった。係官は、ページをぱらぱらとめくりながらいった。

「きみは何をしに来たのかね。で、どこへ行くのかね」

わたしは揚げ足を取られないように用心深く言葉を選びながら答える。テトゥリ地域の知り合いの神父をたずねるのだ、と説明をはじめたとたん、係官は叫んだ。

「なに、テトゥリ？　あそこはいま外国人は立ち入り禁止になっている」

そら来た。わたしは少し考えるふりをして、やんわりと反論した。

「立ち入り禁止ったって、神父さんが滞在しているじゃありませんか。あの人、イタリア人ですよ、外国人ですよ、ご存知でしょう？」

すると今度はちがうことをいった。

「いや……入域料が必要なのだ。そうそう、あそこは鉱山特別区に指定されているからな」

理由なんてどうでもよいのである。要はわたしからいくらふんだくることができるかなのだ、かれの興味は。こちらとしてもそれは百も承知だから、相手をなるべく刺激しないよう、かつカネがあまりないことを匂わせながら、収奪される被害を最小限に食い止めなければならない。

そいつのいう「特別区への入域料」とは言い値が百ドルであった。わたしはしばらく考えた挙げ句、五十ドル支払うことに決めた。ふだんならもっと思いっきり値切るところだが、ちょっとした計算があった。

「わかりました、五十ドル払いましょう。ただし、ちゃんとした入域許可証を作成してくださるのが条件です」

わたしはそういって五十ドル札をこれみよがしに取りだして見せた。これで話は決まった。係官は五十ドル札を宙に浮かせて裏表をすかして調べ、偽札ではないことを確認すると、奥の部屋にいた部下を呼び、許可証を作成するようにいいつけた。ものの十五分ほどで簡単だがきちんとタイプされた許可証ができた。

テトゥリへ向かう途中、おそらくまた軍や兵士、役人らに、通行を妨げられるのは火を見るより明らかである。そのとき、この入域許可証と国境で発行してもらった臨時通行許可証が少しは役に立つこともあるだろうと踏んだのだ。

これで準備は整った。明日にはムブティたちと再会できるだろうか。それとも……。

その夜はまるでバケツを何百杯もぶちまけたような激しい雨が降った。コンゴはこの時期、雨季の真っ只中にあった。宿の屋根を葺いているトタン板はドガンドガンと共鳴しあい、ドラムの生演奏をフル・ボリュウムで聞いているようだった。わたしはその夜、ベッドに入っても目が冴えわたり、なかなか眠りにつくことができなかった。

熱帯雨林のぬかるみを抜けて

翌日、市場の前で予約してあったバイク・タクシーが、宿まで迎えにきた。バイク・タクシーというのは、ここ数年、コンゴ東部の都市を中心に営業台数を急速に増やしつつある私営のタクシーで、ヤマハの百CCモトクロス・タイプのバイクを使用している。舗装道路が限りなくゼロに近いという交通事情なので、小まわりのきくバイクは、細いわき道や、ぬかるんだ道路にも割と平気で入っていけるため、この国にはうってつけの交通機関に思える。ただし乗客はひとりかせいぜいふたりしか運べないので、当然、運賃は割高である。ちなみに公共交通のバスや乗合タクシーはこの近辺では走っておらず、安い運賃で移動しようと思ったら、たまに通る生活物資運搬のトラックの荷台に便乗させてもらうしか方法はない。

運転手のムゥインドゥは二十歳前後の青年で、丸顔にまだ幼さを残している。かれはわたしの姿を認めると、大柄な体格には似合わない小さな声で「ボンジュール！　ムッシュー」とフランス語であいさつしながら宿の中庭に入ってきた。そしてさらに小さな声で、

「実はご相談が……」

と唐突に切りだしてきた。

「昨日テトゥリへ四十ドルでオーケーしたんですが、あとでボスに叱られてしまって。あと五ドル追加してくれませんか。ガソリンがこのところ高くて」

苦笑しながらしぶしぶ了解してザックを肩にかけたままバイクの荷台にまたがると、

「あの、エンジン・オイルが……。二ドルするんです」

とさらに追い討ちをかけてくる。どうしてわたしがバイクのメンテナンス代まで払わなければならないのかよくわからないが、ここはコンゴである。かれらにはかれらなりの経済法則というものがあるのだろう。外国人であるかぎり、カネをむしりとられていくシステムから逃れるのはむずかしい。

目的地のテトゥリは、ベニから内陸部に向けておよそ百キロほどのところに位置する小さな村である。ベニからマンバサへ、さらには大河コンゴ川流域に栄えたかつての商都スタンリーヴィル（現キサンガニ）へと道路はいちおう拓かれてはいるものの、降雨量のたいへん多い熱帯雨林を貫く未舗装の道路のため、常にぬかるんだり深くえぐれたりしており、交通量は週に何台かトラックが往来する程度だ。特に今回はあえて雨季を選んできたので、道路の状況はまったくわからない。

しかし予想に反して、ぬかるみはそれほどでもなく、前回の二月の乾季のときとさほどちがわなかった。バイク・タクシーは快調に飛ばす。いや、飛ばしすぎる。運転手のムゥインドゥは自分の腕を過信しているのか、それとも早く仕事を終えて帰りたいからか、必要以上にエンジンをふかすのだった。

道路に沿っておもちゃのような土壁の家が途切れることなく続いている。道路わきに小さな台を置いて、バナナなどを売っている家もある。前庭で遊んでいた子どもたちが目ざとく異邦人であるわたしの姿を認めて、興奮しながら道路わきまで全速力で駆け寄ってきて、「ムズング、ムズング」と声をそろえて叫んでいる。ムズングとは、「白い人」を意味する。かと思えば、おそらく初めて目にしたのだろう、毛色の変わった人間（つまりわたしのこと）にびっくりして、直立不動のまま目を見開いている人や、母親の巻きスカートにしがみついて身を隠しながら、火のついたようにわんわん泣いている小さな子どももいる。

放し飼いにされた山羊やニワトリが普段はめったに車が通らない道路に出てきて、のんびりと草を食《は》んだり虫をついばんだりしているが、ムゥインドゥはそれらにはおかまいなしにスピードをゆるめることなく突っ込んでいく。荷台のわたしはそのたびに、ひき殺してしまわないかと冷や冷やだ。

一時間以上も走り続け、マンギーナという大きなカトリック教会のある街を過ぎると、沿道の家の数はめっきり減りはじめ、ラテライト土と呼ばれる赤い粘土状の土に変わってきた。昨夜の雨で道路はぬるぬるだ。後輪がすべるすべる。何度かバイクから降りて歩いた。やがて道路のすぐわきまで両側から森が迫ってくるようになった。いや正確には、もともと深い森だった場所を切り拓いて道路をつくったのだから、先に森ありきなのである。場所によっては、繁茂する樹木によって、道路が今まさに飲み込まれそうになっている箇所もあった。

ムゥインドゥは悪路が出てくるたびに、「道が悪いなあ、これじゃあガソリンを食うなあ、困ったなあ、帰りが心配だなあ」と聞こえよがしにぶつぶつぶやき、暗に運賃の上乗せをにおわせる。わたしはわたしでそのたびに、「ほう、そうかい、コンゴではふつうだけどなあ」と切り返す。

走り続けて四時間が過ぎたころ、突然森が切れ、道路の幅が数十メートルにもなった。道路の背後には、何十、何百という家々が見わたすかぎり広がっている。懐かしいテトゥリ村に到着。道中は予想に反して軍による検問は一度もなかった。肩透かしを食った気分だ。なんだ、内戦といってもやっぱりこんな森のなかなんて全然関係なかったのか、杞憂だったのか、とわたしはバイクから降りながら思った。しかし、その楽観的な考えはとてつもなく甘いものであったことを直後に思い知ることになる。

森の民との八か月ぶりの再会

一刻も早くムブティたちに再会したくて、わたしはザックを担ぐとそのまま勝手知ったる目的地のカドドというかれらの住む定住集落に徒歩で向かった。テトゥリ村から一時間ばかりマンバサ方面に向かって歩くと、右手の森のなかへ切れ込む小径がある。車で走っていたら見落としてしまいそうな小径だ。その道をさらに数十分たどったところがカドドで、ここにはイタリア人神父のアントニオも住んでおり、わたしはこれまで取材の拠点として滞在させていただいていた。

ところが、何かようすがおかしい。小径には雑草がぼうぼうに茂っており、それは人の往来が絶えていることを示しているように思えた。いつもだったら家が建ち並ぶあたりまでくると、子どもたちの元気に遊びまわる気配や人々の陽気に笑う声が聞こえてくるのだが、しんと静まり返っている。胸騒ぎを覚えつつ、それでも草をかきわけながら歩を進めると、ようやく家が見えてきた。だが、どの家ももぬけの殻で、人の気配はまったくない。これでは、打ち捨てられたゴースト・タウンだ。人のみならず、森にも生きものの鳴き声はなく、じっと息を詰めるような重苦しさが漂っている。これはいったいどうしたことだ、何があったのだ。この不自然な静けさはいったい……。

わたしのからだがこれ以上の前進を拒んでいる。危険信号を感じとっている。もしかしたら反政府軍の侵攻が関係しているのだろうか……。かれらはひとり残らず殺されたのか……。それとも逃げて別の場所に拠点を移したのか……。あるいは単に全員で森のキャンプへ狩猟に出かけているのか……、そうならよいのだけど。

どうしよう、このままここにいてもしょうがない、戻ろうか。いや、戻らねばならない。頭上からは熱帯の強烈な日差しが容赦なく降りかかってきて、額には汗がじわりとにじむ。わたしは無人の荒野にぽつんとひとり置き去りにされたようなあまりの心細さに足がすくみ、思わず叫びだしたくなるような気分だった。

よし戻ろう。そう決意して、踵を返したときだった。視野の端に何か黒いものがちらりと動いた……気がした。わたしは心臓が飛びだしそうになりながらも、意を決して再び踵を返した。そして広場の中央まで歩み寄ると、そこで立ち止まった。

と、そのときだった。住居の背後に広がる森の木陰から、人の頭が二つ三つ現れた。それを合図とするように、四方八方から人影が現れ、「わぁーっ」という歓声とともにばらばらとわたしに向かっていっせいに駆け寄ってきた。一瞬、わたしの心臓は恐怖で縮み上がり、腰を抜かしそうになってしまった。だが、よく見ると、どれもが懐かしい顔、顔、顔！

カドドの人たちであった。かれらは無事だったのだ。三十人ほどが駆け寄ってきて、わたしに次々と笑顔で握手を求める。「あんた、本当によく戻ってきたなあ」と、わたしの腕をとりながら涙を流しているおばさんもいる。およそ八か月ぶりの再会であった。

灼熱の太陽を避けるため、広場の中央に位置する葉っぱで屋根を葺いたテーレと呼ばれる男のための溜まり場へ移動する。汲んできてもらった水を一気に飲み干すと、ようやく人心地がついた。蔓を編んでこしらえた椅子に腰をおろすと、かれらはぐるりとわたしのまわりを取り囲んだ。

「で、アントニオは？　ベニートは？」

わたしはさっそく神父とかれの弟の安否をたずねた。

カドドの集落に暮らすムブティ・ピグミーの子どもたち。

「イタリアへ帰りましたよ、一月半ほど前に」

と顔見知りのダカラが緊張した面持ちで答えた。わたしたちの間の会話は、東部アフリカで広く通用するスワヒリ語で行なわれている。しかしかれらは日常ではビラ語をしゃべる。おまけにわたしのスワヒリ語はかなり怪しいときている。だから簡単な意思疎通には困らないものの、話が少し込み入ってくると完全な理解はむずかしい。

「軍隊がやって来たんです。われわれは森へ逃げました。でも……アントニオたちは車を奪われて。ええ、ええ、みんな無事でしたよ」

とダカラは続けた。やはりここも戦闘と無縁ではなかったのだ。わたしはそのときのようすを想像すると、思わず武者震いが起きた。かれらの話を総合すると、どうやら九月下旬ごろ、たくさんの兵士がベニからマンバサ方面へ侵攻する途中、ここへも現れたということであった。おそらく神父が所有していたランド・クルーザーの接収が目当てだったようである。神父と教会関係者は全員、その数日後に脱出したとのことである。殺されたり、怪我をした人はなかったらしい。それだけが救いであった。わたしの足音を聞いて、てっきりまた兵士が戻ってきたのだと思ったという。それにしてもみごとな隠れっぷりであった。

「あれ、パクトゥンジャはどこにいるの。シンギは？　アビボもいないじゃないか。みんなどこへ行ったんだ」

ここの主力メンバーがだれもいないことに、わたしはようやく気がついた。ぐるりと取り囲んでいるのは、成人の男ではダカラぐらいなもので、あとは全員、女と子どもたちである。ダカラもようやく落ち着きを取り戻してきたみたいで、いつもの人なつっこい笑顔に戻って答えた。

「ははは、みんな森へ狩猟に出かけているんですよ、数日前から」

そりゃ、よかった。つまりここカドドに残っている三十名ほどは、留守番なのであった。

「アビボだけはどこか遠くに行ってます」

とダカラは続けた。

「どこかって？　何しに？」

とわたしが問い返すと、ダカラは照れくさそうにからだをよじった。

「ええ、それはですね、つまり、奥さんが里へ帰ってしまったんです」

かれがそう答えると、輪の中から、くすくすという恥ずかしそうな笑い声が起きた。わたしはかれらに特有のその無垢な笑い声を耳にすると、懐かしさが急にこみ上げてきた。かれらと森で暮らした楽しかった日々がよみがえってくるようだった。

本当に、本当に、戻ってくることができたのだな……。

3　なぜ、ピグミーなのか

伝説の中のムブティ・ピグミー

ところで、ピグミーとはいったいどのような人たちなのだろうか。読者の皆さんはおそらく、「世界でもっとも背の低い民族」との風評を一度は耳にしたことがあるにちがいない。事実、かれらの身長は、成人男子でも一四五センチほど。日本人としては現代では小柄の部類に入るわたしと並んでも、せいぜい肩ぐらいまでしかない。

ピグミー（Pygmy）という呼び名は、古代ギリシャ神話に登場するピュグマイオイという言葉に由来するらしい。「肘の長さ（Pygme）の矮人《わいじん》」の意である。英語の辞書をひもとくと、「アフリカの赤道森林地帯の矮小黒人種」「こびと、小さなもの」といった訳語が載っている。このことからもわかるように、ピグミーという呼び名は、たとえばケニアに住む牧畜民マサイや農耕民キクユといった固有の民族名を表わすものではないし、かれらが自らを呼ぶときに使用する言葉でもない。

では、かれらは自分たちのことをどう呼んでいるのだろうか。わたしが接した人たちは「バムブティ」

と呼んでいた。アフリカにはさまざまな言語が存在するが、バンツー諸語の系統では、接頭語に「バ」を付けて、「人」を表わす。だからこの解釈に従えば、かれらは「ムブティ人」ということになる。であるから、本書では以降は「ムブティ」と呼び習わすことにしたい。文化人類学者が論文を書くときには、「ムブティ・ピグミー」と表記するようである。

ムブティが居住するのは、アフリカ有数の大河コンゴ川の上流部に注ぎ込む支流、イトゥリ川を中心として広がる熱帯雨林の森、イトゥリの森である。しかし、ピグミーと呼ばれる人たちは、実際にはもっと広い範囲に居住している。アフリカの赤道を中心とする熱帯雨林地帯は、コンゴ盆地を中心として、東はウガンダ、西はカメルーンあたりまで広がっており、南米アマゾンに次ぐ世界第二の規模を誇っている。ムブティの居住するイトゥリの森はこの熱帯雨林の東縁に位置しており、北方にはエフェと呼ばれる人たちが、西方にはバカあるいはアカ、南方にはトゥワと呼ばれる人々が住んでいる。

移動生活を基本とするかれらのことだから、正確な人口がどれぐらいであるかは調べようもない。文化人類学者ら研究者の推測にたよるしかないだろう。ムブティで五万人前後、ピグミー全体で十〜二十万人といった規模らしい。

ピグミーの存在は、呼称の由来からもわかるように、かなり古くから遠くヨーロッパにまで鳴り響いていた。いまから数千年も前のエジプト王朝では、ナイルの上流部に「踊りの名手の矮人」が住んでおり、王は神へ捧げる踊りのために部下にぜひともかれらを連れ帰るよう要請した、との記録が残されている。しかし、近世にいたるあいだに実際にピグミーと接触を持ったヨーロッパ人はほぼ皆無であったと思われ、その間、伝説だけがひとり歩きしていった。類人猿であると主張されたり、尻尾を持ってい

イトゥリ川とその背後に広がるイトゥリの森。

るといわれたり、あるいはチンパンジーと混同された時期もあったらしい。
四、五千年前にはすでにピグミーの存在が知られていたことから、かれらはアフリカ中央部の熱帯雨林地域における先住民であった可能性は高い。もっとも、すべての有機物が土に還ってしまう湿潤な気候下にある熱帯雨林地域では、かれらがそのころ居住していたことを示す痕跡は何ひとつ残っていないため、証明はむずかしい。

十八世紀のアフリカがヨーロッパ人による奴隷貿易の舞台だったと位置づけるなら、十九世紀のアフリカは、野心に満ちたヨーロッパ人探検家たちによる、地理的空白部を踏破するための舞台であったといえる。大河の源流の「発見」を競って、数々の探検隊が組織された。ザンベジ川はイギリス人宣教師リヴィングストン、ナイル川は同じくイギリス人のスピークやバートン、ニジェール川はスコットランド人のマンゴ・パーク、といった具合に。そしてコンゴ川は、行方不明のリヴィングストンを見つけだして一躍名声を得たアメリカ人ジャーナリスト、ヘンリー・スタンリーによって、一八七六年から翌年にかけて踏査されている。スタンリーはその報告書のなかでピグミーについても触れており、かれらの実在が明らかになったのはおそらくこのころではないかと思われる。

ただ、実際にピグミーの住む地域に長く滞在して、生活様式や社会構造を明らかにしてゆく研究者が現れるには、一九二〇年代に入るまで待たねばならなかった。まず、オーストリア人宣教師パウル・シェベスタがイトゥリの森を踏査した。つづいて一九二七年から五三年にかけて、アメリカの人類学者パトリック・パットナムがエプルー川畔に拠点を置いて、調査研究を行なった。パットナムは、ピグミーの人間的魅力とイトゥリの森の美しさの虜になり、人生の後半は単なる住人として居残ることを選び、後になって結婚した女流画家の妻アンとともに診療所やホテルを経営しながら、亡くなるまでこの地に住み続けた。

イギリスの人類学者コリン・ターンブルは、一九五一年から数度にわたってイトゥリの森へ入った。かれはシェベスタやパットナムのような聞き取り調査の体はとらず、ピグミーの居住地に一緒に住みこんで二十四時間行動をともにしながら調査を進めた。いわゆるフィールド・ワークによって研究を行なった最初のヨーロッパ人である。わたしは中学生のときに、おそらく古本屋で手に入れたのだと思うが、ターンブルの著書『ピグミー　森の猟人』を夢中で読んだ記憶がある。当時、わたしはどういうわけか将来は考古学者か古生物学者になって世界を飛びまわり、謎の遺跡や恐竜の卵の化石などを発掘するような仕事に就きたいと漠然と思っていた。だから海外、それも「辺境」とか「秘境」と名のつくような本なら、ノンフィクション、SFを問わず、むさぼるように読んでいた。『ピグミー　森の猟人』には、「アフリカ秘境の小人族の記録」というなんともそそられる副題がつけられていたのである。

アフリカにおける日本人研究者の活躍もかなり早い時期から見られ、特に人類学者によるフィールド・ワークが高く評価されているのは周知の事実である。一九五〇年代には早くも、今西錦司、伊谷純一郎両氏による類人猿学術調査が行なわれている。ピグミーの人類学的研究が着手されたのは一九七二年になってからで、伊谷氏をはじめとする京都大学のグループによってイトゥリの森に住むムブティがその対象となった。同グループの研究は現在にも引き継がれ、さまざまな事柄が明らかにされつつある。また同年には、朝日新聞社の記者であった酒井傳六氏が、ピグミーに関してのルポルタージュを書くために、イトゥリの森へ入っている。

ところで、アフリカに住む人々は全員が黒色人種であると思っている方も多いのではないかと思うが、ピグミーは人種的にはこれに分類されず、ネグリロと呼ばれている。見かけ上、もっとも大きな違いは、低身長を除けば皮膚の色で、黒色というよりは褐色に近い。女は男よりも皮膚の色がさらに明るく、アジア人とさほど変わらない黄褐色の人も多い。黒色人種が手足が例外なく長く筋肉が発達しているのに比べ、ピグミーは胴長短足で、胸板はそう厚いとはいえず、栄養失調の子どものように丸く腹が突き出ている。ぺちゃんこで横広がりの鼻に、優しい光をたたえたぱっちりした二重の瞼、下がりぎみの眉毛……。一度でもかれらの愛敬のある親しみやすい童顔に接したなら、だれでもきっとたちまちファンになってしまうことと思う。同じように黒色人種に属さない民族としては、ブッシュマンとしてよく知られている南部アフリカの半乾燥地帯に住むコイ・サンがいる。かれらもやはり、褐色の肌に低身長という特徴を備えている。

さらに、両者に共通するネグリロのもっとも大きな特徴として、狩猟採集民であるということを挙げなければならないだろう。そして、わたしがなぜピグミーの生活に興味を抱き、共に暮らしてみたいと思ったかの直接的な理由は、まさにその点にあった。

狩猟採集と農耕との決定的な違い

狩猟採集という、動物を捕まえ植物性食料を探す生活は、ここであらためて説明するまでもなく、人類のもっとも古い生活様式である。農耕が「発明」されたのは約一万年前。それまでは、人類はすべて狩猟採集を行なっていた。一万年前というと、とてつもなく昔の話のように思われるかもしれないが、五十億年という地球の歴史、三十五億年という生命誕生の歴史、あるいは人類（猿人）誕生の歴史の四百万年というタイム・スケールを考えると、そんなに古い話ではない。

それでもピンと来ない人のために、もう少し話を具体的に、身近な家系というものを考えてみよう。あなたの母親が二十歳であなたを産み、あなたもまた二十歳で子どもを産んだ……あなたのおばあさんやひいおばあさんもまた同じように二十歳で子どもを産んできた、と仮定してみると、一万年前という時代はほんの五百代ほどあなたの家系をさかのぼった時点にすぎないのだ。そして五百代前のご先祖様はまちがいなく狩猟採集の生活を営んでいた。

一方、農耕の性格をひとことで表わすなら、食糧を増産させ、なおかつ安定的に供給させるために、人間がまわりの自然に手を入れることによって、環境をうまく利用するシステムであるといえるだろう。牧畜も、対象が農作物から家畜に変わっただけの話で、農耕と同列に考えてもよいだろう。そしてこれらのシステムが機能するという前提のもとに、人間は人口を増やすことができたし、都市を支えることもできた。

人類史上初めて勃興した文明は、「世界四大文明」といわれている。黄河、インダス川、チグリス・ユーフラテス川、ナイル川。いずれも大河川に沿って農耕の発達に適した場所であった。現代文明の恩恵を受けているわれわれにしても、「食べる」という人間の生活のもっとも根本的な基盤を振り返ってみると、やはり農耕にそれを依存しているのである。

だが、農耕社会の延長線上にある現在の高度資本主義社会、産業文明社会、情報化社会は、物質的な豊かさを享受できる人間生活を実現したけれども、同時に、人類存続に立ち塞がるような地球規模の難問を次から次へと生みだしている。富の一極集中と貧富の格差の拡大、貧困の深刻化、二酸化炭素排出量増加による地球温暖化、ゴミ問題、共同体や家族の崩壊、環境ホルモン、砂漠化、人の心の荒廃、高齢社会、クローンや遺伝子組み換えなどバイオテクノロジーの暴走、第三世界の人口問題……。

指を折って数えてみると、途中でいやになってしまうぐらいたくさんある。そのどれもが解決困難な課題であり、さらに深刻なのはひとつひとつが単独で問題となっているのではなく、すべてが複合的に絡み合い、相互作用している点だ。あたかも発展という階段を一段上がるごとに、からだじゅうにおもりをひとつずつ課せられていくような、そんな状況に人類はいま置かれている。

このところ、そういった難問を打破するための方策がかなり真剣に論じられるようになってきたように思う。右肩上がりの経済発展や無責任な商業主義が必ずしも人類のためにはならないのではないか、という反省の機運が生まれ、その結果編み出されたのは、「人と自然の共生」「循環型社会の構築」「環境への配慮」といった類の言葉である。「強さ」よりも「やさしさ」をアピールしたい近ごろの企業は、競ってイメージ・アップのためにスローガンとして使ったりしている。二十一世紀は環境への配慮なくして企業が生き残ることはむずかしいだろうから、それもまあ当然のことだろう。

それはともかく、人類が今後、これらの言葉に沿って努力を惜しまないのはまちがいないと思われる。だが、これらの言葉には、「しらじらしさ」というか、妙な虚しさがつきまとっていることに人々が気づいているのもたしかだ。なぜだろうか。なぜ人々は、自然と共生することを望みながら、実際にはできないのだろうか、いや、できないことを知っているのだろうか。

環境と経済。このふたつは本当に両立しないのだろうか。

わたしはさきほど、現代の人類が抱える難問のそもそもの出発点は農耕や牧畜にあると述べてしまったけれども、これには留保があって、人類の人口がまだまだ少なく、利用できる土地も広大無辺にあったはるか昔には、人間は農耕や牧畜に従事しながらも自らが自然のサイクルに組み込まれて生きていくのが十分に可能だったと思う。日本でもそのような暮らしは比較的最近まで残っていた。里山といわれるところでは、住居の近くで季節に折々の農作物をつくり、背後の山へはキノコや木の実を採集しに出かけ、また家屋の材料なども山から切りだしてきた。余った収穫物は担いで峠を越えて隣村へ売りにゆき、その収入で足りない生活必需品をまかなった。このような暮らしにおいては、環境と経済は十分に両立しえたのではないだろうか。

でも、そのような暮らしは、いつのまにか確実に失われてしまった。働き手は次々と興った産業の労働力として都市に吸収されたため、農村はいきおい過疎化し、活力を失った。同時に、産業が生産するさまざまなモノは逆に無制限に流入したため、それらの購買を可能にするためには農耕は機械化して大規模にならざるをえず、「農業」が誕生していった。より効率よくたくさんの収量を上げるためには、これまでのような自然のサイクルに合わせたのんびりとした農耕のやり方ではだめで、農薬や除草剤、化学肥料の使用が不可欠となった。その結果、土が持つ本来の力は失せてしまい、それを補うためにはよりたくさんの強力な化学肥料を使わねばならなくなってしまった。農薬による人体や河川、生態系への悪影響も深刻な問題となっている。それでも足りず、さらなる収量アップを目指して、今度は、人体や自然界への影響が未知数のテクノロジー、遺伝子組み換え技術が導入されつつある。このように農耕が産業の一部として行なわれるかぎり、効率化は不可分の要素であり続け、農耕はますます自然とかけ離れたものとなっていくだろう。

わたしはなにも農業だけが悪いといっているのではない。人間を含めた生物はすべて日々、食っていかねばならない。「食べる」ことは本能で制御されている。だからそのもっとも基本的な「食べる」ことを担う農耕を考えてみることによって、人間の過去と現在の姿が浮き彫りになるのではないかと思ったのである。

人間もたしかに自然界の一員にはちがいないのだろうが、複雑に絡み合った生態系の一部として存在しているかどうかについては疑問が残るところである。動物や植物は死ぬと、最終的には土中に無数に存在する各種の微生物によって分解され、チッ素やリン酸、カリウムなどに還る。植物はこれらを根から吸収して、葉っぱから太陽エネルギーを取り込むことによって生長する。そしてその植物を動物は食べる。またある種の動物は、そうして大きくなった他の動物を食べる。その動物は死ぬと、再び微生物に分解される。この繰り返しである。それが生物界における生態系で、人間はその上位に位置すると思われるけど、では死んだらどうなるかというと、現代の日本では火葬され、残った骨は骨壺に入れられて墓の下に埋められる。これでは、生態系のなかを循環しているとはいえない。つまり端的にいって、人間は微生物の餌とはなっていないのである。ひいては植物や他の動物の役に立っているとはあまりいえないことになる。

もっとも、世界には、土葬のところも多いし、インドのように火葬の後、骨をガンジスのような川に流すところもあるのだが。チベットのように、死体を直接、鳥に食べさせるところもある。

しかしやはり地球規模でみた場合、人間は他の生物に一方的に多大な迷惑をかけながら生きている。

動物のなかには縄張り争いをするものもあるけど、一生涯戦い続けるアホな動物は存在しない。また他の動物を襲う肉食獣もいるが、これははっきりと食べることが目的なのであって、自身が生き抜くためである。食べないのに他者を無意味に襲う動物は、人間を除いては存在しない。かの百獣の王ライオンだって、満腹のときは、すぐそばを好物のトムソンガゼルが通っても、気だるそうにごろごろしているだけだ。ところが人間は、一生涯どころか、イスラエルとパレスチナのように何千年も憎しみ合い戦闘を続けている。そして戦争は大規模な環境破壊を引き起こす。

そうでなくとも、人間は山を削り、海を埋め立て、川底をかきまわし、地面にはコンクリートを盛りつける。農作物を育てるために、それ以外の植物を雑草と呼んで農薬を振りかけて殺す。あらゆるところに抗菌グッズを用い、身のまわりの微生物を殺す。これでは生物はたまったものじゃない。

人間はいったいいつごろから、自然と対峙して生きる道を選択したのだろうか。そのことを考えると、やはり農耕のはじまりへと行き着いてしまうのだった。

農耕の前の段階が、狩猟採集という生業形態であったことはすでに述べた。食料を得るために動物を狩り、植物を採集するというと、ひどく原始的で特殊な生活のような感を受けてしまうけど、わたしたちは今の時代にあっても結構同じことをやっているし、またそれでとったものを口にしてもいるのである。魚釣り、キノコ狩り、山菜採り……。自然の恵み、とはよくいったものである。天然ものが養殖や栽培ものより数段おいしいことはだれもが認めることからも、わたしたちは知らず知らずのうちにも狩猟採集に一目置いているし、案外身近に接している、と考えることもできる。

狩猟採集という生業は、おおざっぱに定義すると、自然界に存在する食料（＝動物や植物）を人間が一方的に略奪する暮らしであるといえる。もし欲望のままに必要以上に食料を採りすぎたり、あるいは貯めこんだりしたならば、このような生活はそもそも成り立たなくなる。なぜなら、自然界では各生物が微妙なバランスである決まった一定数のみが生息しているのであって、どのくらいの生物を養いうるのかはまわりの環境条件が決めているからである。もし人間が採り過ぎてしまったならば、そのバランスは崩れ、ある種はまったく住めなくなり、また逆にある種は増えすぎてしまう。その結果、しっぺ返しは直接、間接にかかわらず、人間にまわってくる。食料が必要なときに採れなくなってしまう。結果、人間は生きてゆくことができなくなる。

つまり、狩猟採集生活が成立するためには、人間の数は、自然界にさして影響を与えない程度の最小限でなくてはならず、自然を力で抑えるのではなく、逆に自然に強く依存した生活を送らねばならない。極言すれば、人間も生態系のサイクルの完全な一員となることが要求される。「足るを知る」という言葉があり、そこには過分への自戒が込められているのだが、狩猟採集という暮らしにはそもそものような概念は存在しないし必要がない。

二十一世紀の現代においてもなお狩猟採集という生活形態を維持している人たちは、残念ながらこの地球上にはごくわずかしか残っていない。本書で述べるアフリカの熱帯雨林地域のほか、南米アマゾン川流域、それに東南アジアのボルネオ島など、ごく狭い範囲にかぎられる。かつて少し前までは、北極圏のイヌイット（エスキモー）や南部アフリカ・カラハリ砂漠のコイ・サン（ブッシュマン）もそのような生活を送っていたらしいが、政府の定住化政策や福祉政策などにより、生活様式は激変してしまったと聞く。ピグミーにしても、完全に狩猟採集だけにたよって生活している人は、現代ではおそらく存在しないのではないかと思われる。まさに風前の灯といってよい。

話を元に戻そう。わたしがなぜ、狩猟採集生活に興味を抱き、ピグミーの社会のなかへ入っていくことになったのか。

人間が生まれもって抱える「矛盾」

人間が自然と対峙して生きる道を選んだ結果、農業も工業もさまざまな産業も、誕生すべくして誕生した。けれども、自然に対して何か働きかけるたびに、自然から反作用が起こる。すると人間は困ってしまって、今度はその反作用を克服すべく新たな策を練り、再び自然に働きかける。するとまたまた人間にとってよくない反作用が起こる。そして再度、自然に働きかける……。その繰り返しである。力ずくで自然を抑えようとするたびに、その倍以上のしっぺ返しをくらう。より複雑で解決困難な問題となって立ち塞がる。人間の歴史とはつまり、そのようなものであったのではないか。そしていよいよ二十一世紀になってにっちもさっちもゆかなくなってしまった……。

じゃあ人間は農耕以前の「原始時代」の状態に戻ればよいのかというと、当たり前だが、そんなことは不可能だ。車やテレビやパソコンに囲まれた便利な生活から後戻りするには、相応の決意とユーモアが必要となってくる。第一、人間は増えすぎて、自然の力だけではすでに養えなくなってしまっている。それに、「向上心を持って、よりよく生きる」ことが人間のあるべき道だとすれば、それは否定するべきではないし、今後も追求してゆくべきだろう。すると、ここに矛盾が生じる。禅問答のようだが、つまり、「よりよく生きる」ことと「自然と共に生きる」ことはつきつめれば互いに相容れないのである。

もっと単純化すると、「人間らしく生きる」ことと「自然や環境をまもっていく」ことは、明らかな矛盾なのである。自然のためには、人間なんて存在しないほうがよいに決まっている。

しかし、それでも、人間は現に存在しているし、これからも生きてゆかねばならない。矛盾を抱えながらも、生きてゆかねばならない。それが人間の本質なのさ、とわかったふうな口は聞きたくない。そんなのは思考停止だ。思考停止ほど楽な道はないだろう。だとしたら、人間の進むべき道とはどうあるべきだろう。考えれば考えるほどわからなくなる。「自然と共に心豊かに暮らす」ことと、「向上心を持ってよりよく生きる」ことは、本当に両立できないのだろうか。

ところが、である。幸いなことにこの地球上にはまだ、自然に強く依存した暮らしを営んでいる人々が、かろうじて存在している。それが狩猟採集民である。それはどのような暮らしなのか。自然と共に生きるというのは、具体的にどのような生活を指すのか。もしかしたら、いま人類が直面する問題を解く鍵を、かれらこそが握っているのではないだろうか。

わたしは、とにかく知りたいと思った。会いたいと思った。もっとも、かれらは狩猟と採集によって生活を立てているとはいえ、当然のことながらいわゆる「原始人」ではないし、化石人類でもない。われわれと同じ時代に生きる人たちである。かれらとて現代世界の動きと無縁で暮らしてゆけるわけではない。そのことは忘れてはならないと思う。ただ、狩猟採集というひとつのライフスタイルのあり方は、何がしかの示唆を与えてくれるものではないかという予感がわたしにはあった。

人間の真の幸せとはいったい何なのだろう。

文明や発展の目的とはいったい何なのだろう。
現代には何が足りなくて何が過剰なのか。
そもそも人間というのは何なのだろう。

知りたいことは山のようにある。でも、どれもが答えなんか存在しないことはわかりきっている。しかし、考えることはできる。そう、わたしはかれらに会って、考えることはできる。

4　コンゴ民主共和国

一旅行者の目に映ったコンゴ

わたしが初めてコンゴという国を訪れたのは一九八七年のことである。当時は、ザイールと呼ばれていた。

その数年前に大学を卒業したものの、自分が本当にやりたいことが何なのか答えを見いだせないまま、それでもともかくどこかに就職しようと、まわりに流されるまま会社に入った。本を読むのが好きだから、という単純な理由で、就職先は出版社にした。希望していた大手の総合出版社には落ちたが、なんとか教科書の出版社にもぐりこむことができた。編集の仕事はなかなかおもしろくて、自分には合ってるなあ、この仕事を選んでよかったなあと思った。社内には自由にものをいえる雰囲気があり、居心地も悪くはなかった。

写真に興味をもったのもそのころである。本のなかに挿入する写真を借り受けるため、何人もの写真家の方に会う機会があった。わたしは理科の教科書を担当していたから、自然や生物を撮っている写真家に会うことが多かったけど、どの人も魅力的にみえたし、格好いい仕事に思えた。でもフリーランスで仕事をするのはたいへんだろうなと容易に想像でき、自分にはカメラマンの仕事はとても勤まらないだろうと、最初からあきらめていた。それでも中古のキヤノンＡＥ１という一眼レフカメラを手に入れ、それにタムロンのズームレンズを装着して、そのころ熱中していた山登りに持っていった。とくに何かを撮ろうというのでもなかったが。

会社は三年目に辞めてしまった。というのは、ある海外登山のグループから、アフリカの三つの高峰を登る計画に誘われたからである。キリマンジャロ、マウント・ケニア、ルウェンゾーリ。標高五千メートルを越すそれらの山に、未踏のルートから、あるいは日本人初のルートから登る計画だった。ちょうど前年にわたしは休暇をとって、友人と初めての海外旅行に出かけ、キリマンジャロを登っていた。それ以来、アフリカという響きが常にまとわりついて離れなかった。いわゆるアフリカの毒というやつに、わたしも確実に冒されていたのである。

登山の全日程が終了して他の隊員たちは帰国していったけれども、わたしはアフリカに居残った。帰っても仕事があるわけでもないし、彼女が待っているわけでもない。アパートの部屋だって引き払ってきた。それに、帰るのが怖くもあった。自分はどうやって生きてゆけばよいのかわからないまま、また会社とアパートを往復する生活が続くのかと考えると、たまらなく憂鬱になった。わたしはモラトリアムを続けるほうを選んだ。

なるべく所持金を減らさないよう、現地の商人などが泊まる一泊数百円程度の安い宿を探し、乗合バスやトラックの荷台に揺られながら旅をした。目的なんてなかった。ただ、アフリカ大陸を東から西へ陸路で抜けてみようと漠然と考えていた。夜になるとベッドの上でミシュランの地図を広げ、明日はこのあたりに行ってみようか、という実に気ままな旅である。交通機関がまったくない場合もあって、そのようなときには歩いた。歩くことに関しては自信があった。気に入った土地にはしばらく滞在し、市場をぶらぶらしたり、子どもたちと遊んだり、郊外の山を登りに行ったりした。旅はちょうど一年ぐらい続いた。

ただ、これは旅行者の側の一方的で勝手な思い込みのせいなのかもしれないが、東部から南部にかけてのアフリカは西欧化の波をもろにかぶっている印象を受け、期待していた「アフリカらしいワイルドさ」に出会うことはあまりなかった。もっとも「アフリカらしいワイルドさ」というのは西欧によってつくられた「文化的に遅れた未開のアフリカ」というイメージそのものであり、日本に移入されたものであることに、後になって気づいたのだけれども。そんななかでも、ザイールの旅はとりわけ新鮮で、異色で、かつ刺激的だった。

自分が行く前は、どの旅行者もみながみな、「アフリカに来たのなら絶対ザイールを旅しなくちゃ」と自信を持って助言してくれるのを聞いていたが、そのうわさは本当だった。コンゴへの最初の旅は強烈な印象となって残り、あれから十数年たった今でも鮮明に覚えている。コンゴへは、ザンビアと接する南東部の街ルブンバシから入った。この街はかつてエリザベートヴィルと呼ばれていたシャバ州（かつてのカタンガ州）の州都で、世界有数の銅鉱床地帯であるいわゆるコッパー・ベルトの中心地として知られている。日本企業も数多く進出していた時期があって、一時は日本領事館も開設されていた。また一九六〇年の独立の年に起こったかの有名なコンゴ動乱では、モイセ・チョンベがカタンガ州の分離独立を宣言し世界の耳目を集めたことでも知られている。

しかし、わたしの目には、どことなくさびれた田舎町と映った。ただ、郊外には採鉱の跡を示す黒いボタ山がいくつかそびえており、ここがまぎれもなく鉱山の街であることを示していた。街を歩いていると、笑いながら「中国人《シノワ》、中国人《シノワ》！」とよく指さされた。まれに「日本人《ジャポネ》！」と呼びかけてくる者もあったが……。街を歩く若者の服装は、これまで見てきたザンビアやタンザニアの若者に比べて垢抜けている印象を受けた。

街のつくりや建物はあきらかにヨーロッパ風ではあったが、街外れの青空市場におもむくと、汚水が通路にひたひたと溜まっており、とても歩きまわれる状態ではなかった。それでも物売りの子どもたちは頭の上に笊《ざる》を載せて、人々の間を縫うように売り歩いている。笊には、青味がかった小粒のゆで卵や、ひと節ごとに切ったサトウキビ、それに揚げパン、サラミソーセージなどが載っている。サラミソーセージを買うと、男の子はあまりきれいとはいえない手で器用にナイフを使って、これ以上薄くは切れないのではと思うほど紙のようにぺらぺらに切ってくれた。とてもおいしかったので、市場に出かけるたびに買ったが、どの子も最後のひと切れは自分への褒美とばかりに必ず自分の口に放り込むのがなんだかおかしかった。

長さが二十センチほどの細長い形のパンがそこかしこで売られているのも目についた。東部や南部のアフリカでは、日本と同じ「食パン」の形だったから、これは意外だった。そのときは気がつかなかったのだけれど、パンの形にははっきりとアフリカの歴史が刻まれていたのである。パンには植民地時代の旧宗主国の記憶が色濃くとどめられているのに気づいたのは、その後、西アフリカでフランスパンを見たときだった。コンゴは一九〇八年から独立の一九六〇年まで、ベルギーの植民地であった。

コンゴが世界史に登場するのは、一四八二年にポルトガル人ディオゴ・カンが船隊を率いてコンゴ川の河口に到達して以来で、当時はコンゴ王国が隆盛をきわめていた。もっとも、われわれはなにげなく「世界史」という言葉を日常的に使うけど、その使用には慎重さが要求される。「西欧から見た」あるいは「日本から見た」歴史のことを、われわれは「世界史」ということがたびたびあるからだ。たとえば「アメリカ史」が先住民のインディアンの歴史からはじまるのではなく、一七七六年の独立宣言からはじまるように、アフリカの歴史についても同じような過ちを犯しがちである。コンゴ王国の前には他の王国が繁栄していた可能性だってある。しかし文字をもたない民族は、後世にその存在を伝えにくい。ヨーロッパ人がアフリカ大陸のことを暗黒大陸と呼び、そこには未開で野蛮な民族が住むと考えたのも、ひとえにほとんどのアフリカの民が文字をもたなかったことが大きい。

しかしコンゴ王国とポルトガルとの邂逅は、そんなに不幸なものではなかったらしい。コンゴ王国にはすでにマニ・コンゴと呼ばれる王を中心とした主権国家が確立されており、ポルトガル人たちもアフリカに文明が存在することをみてとった。その驚きはいかほどのものであったろうか。そして交易が開始されると、マニ・コンゴは友好的に欧化政策を進め、両国の関係は良好なものであったという。

奴隷貿易と植民地経営

ところが、アフリカ大陸にとっての不幸な時代がすぐ目の前まで迫っていた。悪名高き奴隷貿易である。もともと王国はそれまでの伝統にのっとり、周辺部族との戦争で得た捕虜を奴隷として扱ってはいた。奴隷の需要が爆発的にふえるのは、十六世紀から十九世紀にかけてで、新大陸を中心にしたヨーロッパ人の急速な勢力拡大と時を同じくしていた。やがて奴隷を狩るための抗争が激しくなると、コンゴ王国は足元をすくわれる形で急速に衰退していく。一千万人以上ともいわれる人的資源が奴隷貿易によって失われたことが、アフリカが今なお世界の発展から取り残されている原因のひとつと見る人は多い。

コンゴにとってのもうひとつの不幸は、レオポルド二世というベルギー王の存在だろう。十九世紀は、ヨーロッパ諸国が植民地確保に跳梁跋扈《ちょうりょうばっこ》した時代であった。おおざっぱにいって東アフリカではイギリスが足場を築き、西ではフランスが、さらには南アフリカでは入植した白人が勢力を広げつつあった。ところがコンゴの位置するアフリカ中央部には広大な熱帯雨林が横たわっており、外部からの侵入を結果として食い止めることになった。

アフリカの中央部は、ヨーロッパ人から見ると依然として地理的空白部のままであった。そこに目をつけたのがレオポルド二世である。かれは著名な探検家ヘンリー・スタンリーを送りこんでその空白部を探査させ、以降事実上の統治に入る。そして一八八五年には、コンゴ自由国という名の私有地を建設することに成功し、好き放題に暴政のかぎりを尽くしたのである。それは、ベルギー政府が何ひとつ責任をもたないあくまでも一個人の領土であった点が、他国の植民地経営と決定的に異なっていた。住民の側から見たら、こんなに迷惑なことはなかっただろう。

ちょうどそのころ、「コンゴ上流開拓会社」の蒸気船の船長としてコンゴ川を遡行したイギリス人ジヨセフ・コンラッドが、後年、作家に転身し、当時の回想をもとに一八九九年、『闇の奥』という小説を出版した。そこには、陰鬱な原始の森の世界で行なわれる下劣きわまりない白人による搾取、人間性の荒廃、住民の強制労働と死のようす、などがよく描かれている。その一節を抜きだしてみる。

「……じりじりと死を待っているのだ。一目見てわかった。敵でもない、囚人でもない、もはやこの世のものでもなかった。ただ病苦と飢餓との黒い影、それがこの薄暗い森蔭に、雑然と転がっているのだ。表面はともかく年期契約という合法手段で、海岸のあらゆる僻陬《へきすう》から連れて来られ、不健康な環境、慣れない食物に蝕まれ、やがて病に倒れて働けなくなれば、初めてこの森蔭に沿い寄って休息を許されるのだ……」

「人間も、物も、建物も、出張所では、そのほか一切がごった返しだった。外輪で偏平足の薄汚い黒奴《くろんぼ》たちの行列が、ひっきりなしに来ては、また出て行った。おびただしい加工製品や、木綿屑や、ガラス玉や、真鍮線が、後から後からと奥地の闇に運び去られていく、そしてその代わりにあの高価な象牙が、少しずつ運ばれてくるのだ……」

レオポルド二世が欲したものは、おもに象牙とゴムだった。両者とも当時は世界的競争力を持った「商品」であり、かれがこの地に目をつけた理由そのものであった。コンゴの森にはそれこそ無尽蔵にあったのだ。しかし、かれの残虐きわまりない圧政に対する非難の声を恐れたベルギー政府は、一九〇八年にコンゴ自由国を併合し、正式にベルギー領としての責任を持って植民地経営にあたることになる。

コンゴの近代的開発は、一九六〇年に幕を閉じるまでのこのベルギー領時代に骨格が形づくられた。

ただ、開発とはいっても、土地の所有権や鉱業権は特許会社にゆだねられていたので、富はすべて吸い上げられ、住民が搾取される構造にはなんら変わるところはなかった。現に独立前には、ベルギー金融資本のソシエテ・ジェネラール社が貨幣経済部分の七十％を支配していたし、南部のカタンガ州ではユニオン・ミニエール社が鉱業資本をほぼ独占していた。

ここルブンバシの街の郊外にいくつもそびえているボタ山は、当時の記憶を生々しく伝えるものであり、また現在とのタイム・ラグを一挙に縮めてくれるモニュメントなのであった。銅、コバルト、亜鉛などの採掘された鉱物資源を港に運ぶために、鉄道も建設された。その鉄道建設のためには、中国人やインド人の労働者が投入された。ルブンバシから大西洋まで、直線距離で千数百キロある。ベンゲラ鉄道は大陸を貫くようにまっすぐに建設され、アンゴラのロビートまで鉱物資源は運ばれた。それらは船に積み替えられ、ヨーロッパに運ばれていった。二十世紀における植民地経営は、産業革命後の近代工業化や国際化をともないながら、世界的規模で膨張していく。その恩恵に無縁だったのは、現地の住民たちであった。

五泊六日の鉄道の旅

わたしはルブンバシの鉄道駅に行き、便のことを調べてみた。アンゴラへの鉄道はもはや動いていなかったが、北上してイレボという駅まで行く便ならあるという。イレボはかつてポールフランキと呼ばれていた、カサイ川に面する街である。ここから首都キンシャサまでは、船便もあるし、道路も通じているということだった。イレボまでは週に一便あるという。

「あなたは外国人だから、一等に乗りなさい」

と駅員はいった。わたしはなるべく金を使わないように旅をしていたから、三等か、せめて二等に乗りたかった。他の国ではそうしてきた。でも駅員は駅長まで引っ張りだしてきて、頑としてゆずらない。わたしはしぶしぶ一等の切符を買った。しかし翌朝、乗り込んだとき、ああ一等にして本当によかったと胸をなでおろした。外観は、まるで古いヨーロッパ映画に出てくるような、ノスタルジーに浸れそうな列車ではあったのだが……。

三等車は、ふたりずつが向き合う形の四人がけの木製の座席だが、すでに通路までぎっしり乗客で埋め尽くされており、座席には三人も四人も重なり合っていた。やたらと子どもの姿が目立ち、女の膝の上はもとより、ありとあらゆる隙間に見え隠れしている。二等車は、座席がビニール張りのクッションなのだが、どういうわけかぼろぼろに破れ、中身の綿なんかとっくに失くなっていて、悲惨さがにじみ出ていた。こちらも三等に劣らず超満員だったが、わたしの目にはまだ三等車のほうが清潔な感じに映ったものである。

一等車は、とおそるおそる覗き込むと、なんと寝台になっていた。やったー、と大喜びしながら乗り込む。六人がひとつのコンパートメントで、上段・中段・下段の寝台がそれぞれ向き合って作られている。走行中は中段を折り畳んで、下段に三人ずつ腰掛けるようになっている。ビニール張りのシートはところどころ破れてはいるものの、二等三等に比べたら、天国に見えた。駅員さんのいうとおりにしてよかった、と思った。

ディーゼル機関車は客車を六両牽引しながら走った。これが遅い。とてつもなく遅い。時速はせいぜい二十キロといったところだろうか。途中にはプラットホームを持つ駅もいくつかあったが、なにもない原野の真っ只中でもよく停まった。そのたびに、いったいどこから集まってきたのかと思うほどたくさんの人たちが、わっと列車を取り囲んだ。そして商品を頭の上に載せて、乗客に向かって叫んでいる。商品の多くは燻製魚で、グロテスクな顔をしたなまずなどが大半である。どれも焦げたように真っ黒だ。地図を見ると、鉄道の沿線には無数の川が流れており、コンゴ川やカサイ川につながっている。漁が盛んに行なわれているのだろう。

そのほかには、バナナ、パパイヤ、ゆでたキャッサバ、ピーナッツなどが売られていた。クワンガという、キャッサバ粉を湯で練って餅にしたものを葉っぱでくるんだコンゴ独特の長細い携帯食も必ず売られていた。乗客も大声で商品を値切り倒している。コンゴの人はみんな声が野太く、耳元で急に声を出されると、からだが思わずびくっとしてしまう。わたしはパンとサラミソーセージを列車に乗る前に用意していたが、食事には何も困ることはなかった。道中の食事はバラエティーに富んだものとなった。

乗客らは縄で結わえられた燻製魚の大きな束を、停車のたびに買い込んでいく。それらはみるみるうちにコンパートメントの床に積み上げられ、座席もすっかり埋もれてしまっている。そのうえ、ここは定員の決まった一等車なのに、いつのまにか乗客の数は三倍にも四倍にもふくれあがっている。かれらの知り合いや友人たちが、二等三等から続々と移ってきているのだった。

車内はトイレに行くのもままならない混沌とした情況を呈してきた。そんな状態なのに、人や燻製魚の山をかきわけながら、ペプシ・コーラやふかしたトウモロコシなどを商う売り子が頻繁に通る。かれらはもちろん無賃乗車である。一度などギターを抱えた流しの男も入ってきた。何曲か弾いていったなかで、「モブツ・セセ・セコの歌」というのが記憶に残っている。当時の大統領モブツ・セセ・セコを讃える歌であり、乗客も一緒になって歌っていた。もっとも、だれも投げ銭などしなかったけど。モブツ大統領はそのころすでに専制君主として名が知られていた。その後、国の経済状態がめちゃくちゃになり、民衆の不満が爆発してしまったが、当時はこのような歌が堂々と歌われるほど、のんびりした時代だったのだ、と今になって思う。わたしはそれから八年後にもコンゴを訪問したが、そのときはほうぼうで、モブツへの非難の声をなかば公然と耳にしたものである。

わたしの寝台は上段で、ひとまず燻製魚の侵入からは免れたのでほっとした。でもトイレから戻ってくると、見知らぬ人が平然とわたしのベッドに寝転んでいびきをかいていた。コンゴの人は本当にタフでたくましくて陽気で、したたかだなあと思った。

列車は途中のカミナ、カナンガという大きな駅では長時間停車した。立派なプラットホームもある。このあたりはダイヤモンドの産地として有名で、おそらく集散地として発展したのだろう。当時の一九八五年度の集計では、コンゴは世界のダイヤモンド生産量の実に三十二・四パーセントを占め、堂々の一位となっている。これは総量にして千九百六十万カラット。このあたりの地質が、十億年以上前の先カンブリア紀の古いものであることを示している。ダイヤモンドは銅、コバルトと共に、コンゴの重要な外貨獲得源となっており、輸出総額に占める鉱物資源の割合は約九割に達する。

男の多くは街へ繰り出していった。バーにビールでも飲みに行くのだろう。この国には「プリムス」というたいへんうまいビールがある。ベルギー植民地政府が残した唯一のありがたい置き土産だ。わたしはといえば、置いていかれたら困るので、せいぜい列車が見えるところでぶらぶらするだけである。

結局、六日目の朝に、終点のイレボに到着した。約八百キロの鉄路を五泊六日というのは、速いのか遅いのか。新幹線なら約四時間、航空機なら一時間半、というのは比較の対象にはなりえない。なぜなら、効率やスピードがどの程度重要視されるのかは、社会によって異なるものだから。わたしとしては、よくこんなボロ列車で、壊れそうな鉄橋をいくつも乗り越えて、無事到着できたな、というのが実感であった。

イレボの駅では入念な改札が行なわれていて、なかなか外へ出ることができない。駅員はわたしの顔を見つけるとどういうわけか、カモがネギをしょってきた、といった表情に変わり、別室に手招きした。そして開口一番、「パスポール！」と、えらそうな態度でいう。どうして駅員がパスポートなんか調べるのかわからなかったが、おとなしく渡すと、今度は「検査《コントロール》！」とかなんとかいいながら、ザックを開けろという。さすがに他人に荷物の中身を見られるのはいやなので、それは断った。

「どうして駅員が荷物の中身なんか調べるのです？　関係ないでしょう。パスポートも返してください。列車の切符なら、ほら、ここにちゃんと持ってますから」

というと、駅員は答えた。

「ノー、ノー、わたしは駅員じゃありません、イミグラションの者です」

イミグラションといえば、出入国管理官のことだ。しかしここは広大なコンゴのど真ん中。国境まで何百キロ、何千キロと離れている。たまに通過するわたしのような外国人を気長に待ちうけて、仕事しているのだろうか。それにしてもどうして駅の改札などもやっているのだろう。それにだいたい、本当にかれが出入国管理業務をやっていたとしても、なぜ荷物検査などという税関や警察に属するような業務も行なっているのだろう。このときは不思議でしょうがなかったが、その後、コンゴ各地を旅するうちに、この国のシステムがだんだん飲み込めてきた。

係官はわたしの質問の意味がわかったのかわからなかったのか、椅子につくと、パスポートの記載事項をよれよれのノートに書き留めはじめた。そして末尾にサインしろという。いわれるままサインすると、かれは右手の親指と人差し指をこすりつけるしぐさをした。これは札を数えるしぐさで、つまりカネを払え、という意味である。このときは初めての経験だったので、どぎまぎしてしまい、なにがどうなっているのか全然わからなくて、ついいわれるままに払ってしまったけど、これがコンゴの役人の集金システムだったのである。旅行者の間で、「ザイールはおもしろいところだよ、人間が陽気で楽しい。でも軍と役人には気をつけて」と合言葉のように語り継がれてきたのは、つまりそういうことだったのである。

コンゴ、混乱と混沌が支配する国

アフリカの国々を旅すると、旅行者のような身でも、賄賂を要求されたりすることはどこでも起こりうる。でもそれは「起こりうる」のであって、「必ず起こる」ものではない。ところがコンゴでは「必ず起こる」。このちがいはどこから来ているのだろうか。わたしは、そのちがいは、この国がたどってきた歴史と無縁ではないように思える。

コンゴは一九六〇年に独立した。この年は、ナイジェリアやカメルーン、ソマリアなど、植民地を脱してアフリカに新たに十六の独立国が生まれた年で、「アフリカの年」と呼ばれている。新独立国の多くは、ガーナの初代大統領エンクルマやケニアのマウマウ団が展開した激しい独立運動に象徴されるように、アフリカ人のナショナリズムの台頭に支えられた苛烈な反植民地運動の結果、勝ち取られたものであった。ところが、コンゴにおいてはかなり事情は異なっていた。独立直前まで、そのようなナショナリズムの台頭はほとんど見られなかったのである。その理由はいくつか考えられるが、一番大きかったのは、高等教育の欠如ではないだろうか。ベルギー植民地政府は、キリスト教宣教師による初等教育には力を入れたものの、アフリカ人に高等教育をとはまったく考えなかったようである。当然、参政権など与えなかった。高等教育を施せば、いずれ政府に歯向かう人物が出てくると怖れてのことなのか、アフリカ人にはこの程度の教育で十分だと考えた結果なのか。コンゴが独立を果したとき、国内の大学卒業者はわずかに十人を数える程度だったという話は有名である。

周辺国の独立の動きにあおられるように、ベルギー政府はコンゴの独立を承認した。それが一九六〇年のことだった。ところが、独立までの準備期間はほとんどなく、またコンゴ側にはその間、政治的な訓練を持つ場もなかった。レオポルド二世のコンゴ自由国以来、民衆は政治に参加したり、政治について考える機会を与えられなかったのである。それがある日、ポンと独立を与えられたのだ。これからはどうぞ自分たちだけでやっていきなさい、と。

案の定、独立からまだ一週間もたたないうちに、軍隊の反乱が起こり、それを契機に、自治州の連邦国家をめざすジョセフ・カサブブ大統領と社会主義的な統一国家をめざすパトリス・ルムンバ首相が対立、いわゆるコンゴ動乱に突入した。さらに、コンゴの財政を一手に握る豊富な鉱物資源を抱えるシャバ州出身のモイセ・チョンベが分離独立を宣言、そして国連軍の介入と、コンゴ動乱は泥沼化していく。

その裏には、アフリカ大陸における鉱物資源の掌握や、武力を含めた影響力の行使をめぐっての、米ソをはじめとする大国の思惑も複雑に絡み合っていた。

その間隙を縫うように登場したのがモブツ・セセ・セコであった。かれは一九六五年に軍事クーデターを成功させ、権力の座についた。国名をザイールと改め、いわゆる「ザイール化政策」を推し進める。ちなみにザイールとは、「すべてのものを飲み込む大きな河」という意味の現地語である。その名のとおり、住民はもとより議会も裁判所をも支配下に置く独裁的な政治をめざし、まるで数百年前のコンゴ王国時代のマニ・コンゴのように振る舞ったのである。

モブツ独裁政権はその後、一九九七年にＡＦＤＬ（コンゴ・ザイール解放民主勢力連合）のローラン・カビラ議長にその座を追われるまで、実に三十二年間も続いた。その間にモブツ・ファミリーは、鉱物資源からの利益、外国からの援助、住民からの税などをすべて私的に蓄えていたとうわさされており、スイスの銀行に隠し持つ金額は天文学的数字にのぼるといわれている。周辺のアフリカ諸国と比べるとあきらかに遅れている現在のコンゴにおける道路、水道、公共交通、学校などインフラストラクチャー全般の欠如は、すべてではないにしてもかれの政治が大きな要因となっていたのはまちがいない。

徹底的なモブツの圧政により、政府機関という存在は、民衆にとってはモブツの代理人であり、「怖いお上」であった。絶対に逆らえない存在である。いっぽうで、独立時の高等教育の欠如による人材難は解決されておらず、必ずしも政府機関に有能な人物が配置されていなかったと推測される。そのような人物が急に、民衆に対する権力を与えられたらどうなるか。結果はわかりきっている。いばる、タカる、脅す、である。それに加えて、モブツ政権末期からは経済状態が極端に悪化したため、政府機関の役人にはほとんど給料が支払われていなかったという。その結果、かれらは民衆や外国人から独自に「集金」して給料に当てるシステムをつくっていった、とは考えられないだろうか。

いずれにせよ、この国を旅するのはカネがかかる、と思い知らされたのは、このイレボの駅でだった。わたしはこの後、荷物運搬用の大型トラックの荷台に便乗させてもらい、キクウィットの街をへて首都キンシャサに出た。キクウィットの街は、一九九五年のエボラ出血熱騒動で一躍有名になったから、記憶されている方も多いだろう。

リンガラ音楽の都キンシャサ

首都キンシャサは、これまで通過してきたコンゴの田舎とはまるで別世界で、とても同じ国とは思えなかった。片側二車線も三車線もある舗装道路が延び、白亜のビルが並び、レストランにいたっては中華料理、ギリシャ料理、フランス料理と何でもござれ。目抜き通りには、ブティックや旅行代理店、カフェなどが軒を連ねていた。ただ、街外れにある巨大な市場《マルシェ》に行けば、でっぷり太った貫禄のある女たちが、果物や燻製魚を前にでんと居座っており、こればかりはコンゴのどこへ行ってもお目にかかる光景だったけれど。

キンシャサにはマトンゲ地区という下町があって、ここは夕方を過ぎてからにわかに活気づく。百軒か二百軒か知らないが、ともかくいたるところにバーがあった。コンゴにはリンガラ音楽という国民的音楽があり、バーでは大音響でいつも流している。わたしはこの地区に宿をとっていたのだが、出歩くたびに、「ムサシノー、ムサシノー」とニコニコしながら呼びかけられた。蔑称にあたる「中国人《シノワ》！」

という呼びかけとは異なり、人々はこちらにあきらかに好意を示している。「ムサシノー」は「武蔵野」だろうなとは推測できたが、いったいなんのことかさっぱりわからなかった。

ホテルKBという宿に日本人ミュージシャンが来ているといううわさを聞きつけ、行ってみた。かれらは日本でも唯一といういリンガラ・ミュージシャンで、この宿に長期滞在しながら、地元のリンガラ・バンドの演奏に加わったりしていた。なかでも、ピリピリと呼ばれている人は、こちらでは人気者だということだった。ちなみにピリピリというのは唐辛子のこと。かれらに「ムサシノー」のことをたずねると、ああ、あれね、と解説してくれた。

「おたくのそのデイパック、そのことをいってるんですよ、かれらは。正確には、ほれ、腰に巻くウエスト・ポーチってあるでしょ、あのことをムサシノーと呼ぶみたい。何年か前に、ザイコ・ランガ・ランガという四人組の有名リンガラ・バンドが招聘されて日本に演奏に行ったのね。そう、武蔵野市が会場。そのとき、日本で流行っていたウエスト・ポーチをつけて演奏したんだって。それでザイールの人は、日本人が何かバッグを持っていると、ムサシノーと呼びかけるそうだよ」

当時リンガラ・バンドの多くは、ヨーロッパでレコーディングしたりしていたが、日本はまだまだ遠い存在だったはずだ。でも、有名バンドが日本に招聘されたり、こうして日本からもミュージシャンが訪れ、またコンゴの人も日本人に親近感を持ってくれて、音楽に国境がないとはよくいったものだな、と感心した。わたしは滞在中、かれらにバーで開かれるコンサートに連れて行ってもらい、マトンゲの夜を堪能したのだった。

コンゴ川をはさんでキンシャサと向き合うように、ブラザヴィルの街がある。こちらはかつてのコンゴ人民共和国、現在のコンゴ共和国の首都である。二つの街の間をフェリーボートが結ぶ。わたしは、ナイロビで知り合った旅行者のYとキンシャサで再会し、しばらく一緒に旅することにして、ブラザヴィルに渡った。そして、コンゴ川からウバンギ川をさかのぼる船を見つけ――もっとも、船といっても、巨大な鉄板をいくつもつなぎ合わせたようないわゆるバルジ船だけども――、中央アフリカの首都バンギまで船上の人となった。

アフリカ中央部には熱帯雨林の森が連綿と広がっており、その船旅は、ちょうど森を南から北へ縦に突っ切るかたちで進んだ。特に、途中からウバンギ川に入ってからは、鬱蒼とした森また森で、船はそれらの常緑樹に飲み込まれんばかりだった。ときおり丸木舟で燻製の魚などを売りにくる人が現れ、こんなところにも人間は住んでいるのかとひどくびっくりしたものだ。カモシカやサル、カメ、ワニなども売りに来た。この国では、野生動物の肉はごくふつうに食べられている。そういえば、逆に、牛などの家畜はあまり見かけなかった。

アフリカ中央部に広がる熱帯雨林の面積は、南米アマゾン川流域に次ぐ規模を誇っている。そして、これら熱帯雨林に共通するのは、少数ながらもいまなお狩猟採集民が居住していることだ。それだけ自然が豊かな場所といえるのかもしれない。言葉を変えると、だからこそ狩猟採集民は生きてゆくことができるともいえる。しかし、まさかこの船旅の十数年後に、自分が写真家となってコンゴ盆地の森まで狩猟採集民に会いにくることになろうとは、このときは想像すらできなかった。人生とは本当にわからないものである。

十七日間かかって船でバンギに到着した後、わたしは乗合いバスに揺られながらさらに西へ西へと旅を続けた。途中、流行性脳髄膜炎とマラリアにかかり、生死の境をさまよった。

帰国してからも、わたしは定職に就かず、さりとて自分が本当に何をやりたいのか依然として見つけだしてもおらず、漫然と暮らしていた。ただクライミングには、これまで以上に熱中して打ち込んでいた。ヨーロッパ三大北壁のひとつグランドジョラス北壁を完登したときには、それまでずっと夢に見てきただけあって、熱いものがこみ上げてきたものだ。

少しずつだけれども、同時に写真の勉強もはじめていた。といっても、学校に通う金などなかったし、また人見知りするたちのわたしは尊敬する写真家のところに押しかけて弟子にしてもらうことなども考えられなかった。本を読んだりしながらの独学である。いつかまたアフリカに戻って、人々の暮らしを記録しておきたいという欲求が、ゆっくりと頭をもたげてきていた。理由はよくわからない。が、かれらの生活が根底から揺るぎはじめているのは、旅をしていてよく見えた。それは単に西欧化といい切るべき性質のものではなくて、うまく言葉ではいい表せないが、かれらの本来もっている「よいもの」が確実に失われていくことへの焦りだった。写真には少なくとも記録性がある。

結局わたしは、一九九五年にコンゴに戻ってきた。その前年にルワンダ内戦が起き、日本の自衛隊がＰＫＯ（国連平和維持活動）の一環としてコンゴに派遣されたことは記憶に新しい。日本からは報道陣が数百人も押しかけたと聞く。しかし、わたしが読んだ記事のなかで、コンゴの民衆や暮らしについて触れたものはほとんどなかったように思う。多くは、自衛隊の活動についての記事だった。やれ、風呂をつくっただの、難民の病気を診察してあげただの、といったレベルの。日本というのはつくづく島国なんだな、とあらためて思った。同時に、日本のジャーナリズムの限界をも感じた。

一九九五年の旅では、ルワンダからイトゥリの森を抜けてキサンガニに至り、そこから貨物船をヒッチしてコンゴ川を千七百キロ先のキンシャサまで二十日間かけて下った。ムブティ・ピグミーに沿道で初めて会ったのも、このときのことである。もっともそのときは、ほんの一瞬の邂逅に過ぎなかったのだが。

わたしは一九九八年、本格的にムブティの取材を開始し、同年、二度にわたってかれらの居住地を訪れた。

熱帯雨林であるイトゥリの森には板根を持つ巨木も多い。

5　イトゥリの森へ

ムブティ・ピグミーに会いに

テトゥリ村は、ベニの街の北西約百キロのところに位置している。一九九八年二月、わたしはケニアの首都ナイロビを出て、乗合バスを乗り継ぎながらウガンダを横断、まっすぐベニにやってきた。さらにバイク・タクシーを雇って、ここテトゥリまでたどり着いたのだった。

狩猟採集民ムブティ・ピグミーに会いたい、その一心でここまでやってきた。しばらく一緒に暮らし、自然と共に生きるとはどういうことなのかをこの目で見、また考えてみたかった。できれば写真も撮らせてもらうつもりである。

ただ、あてはまったくなかった。かれらの住むイトゥリの森は、東はウガンダ国境から西はキサンガニあたりまで、おおまかに見積もっても東西五百キロは広がっている。そこへ狩猟採集民であるかれらは、小さな集団ごとに散らばり、また移動生活をしているという。ミシュランの地図を眺めても、東西を横断する道路は一本あるものの、鬱蒼と茂る熱帯雨林と、悪化するいっぽうのコンゴの政治経済的状

況に阻まれて、交通はないに等しい。わたしはその三年前の一九九五年に、大型トラックの荷台に便乗してこの地域を東から西へ抜けており、道路や現地の事情には通じているという自信があった。やみくもに歩いてみたところで、かれらと出会う確率は、プールに落としたコンタクト・レンズを探すよりも低いように思えた。そもそも、森のなかを自由に歩きまわること自体が不可能だ。

いったいどうしたらかれらと接触できるのか……。

イトゥリの森には日本の文化人類学者が何人も入って調査していることは知ってはいた。その人たちに会いに行き、細かな現地の情報を教えてもらったり、可能ならば同行取材させていただく方法があるにはある。いや、そのほうがはるかに事は簡単だ。しかし、結果的にその方法はとらなかった。いろいろ教えてもらうことはたしかに有用かもしれない。でも、先入観にとらわれてしまう恐れがある。わたしはこれまでの世界各国への旅で、そのことを強く反省もしていたし、また学びもした。旅にはガイドブックなどないほうがよい。人類学者には帰国してから会いに行って詳しい話を聞こうと思った。

わたしは一冊だけ本を持っていくことにした。文化人類学者の市川光雄さんが著した『森の狩猟民ムブティ・ピグミーの生活』である。市川さんは一九七四年から数度にわたってかれらと生活を共にし、社会構造などを調査された。この本は研究者の単なる調査報告書という域を完全に越えていて、紀行文として読んでも非常におもしろい秀逸な作品である。わたしの愛読書の一冊でもあった。それによると市川さんは、マワンボというバンド（集団）に住み込んで調査を行なった。マワンボはテトゥリ村のすぐ近くである。そこで、まず取っ掛かりとして、テトゥリ村をめざすことにしたのである。

バイク・タクシーを降りて、生活用具のいっさいが入ったザックと大事なカメラバッグを持ち、さあこれからどうしたものかと考える。とりあえず、付近を歩いてみるしかない。テトゥリ村は、幅の広い道路の両側に、二重三重と土壁の家が広がっている。道路に面している家はだいたいが雑貨屋を兼ねており、そこから直角に道を抜けると、だだっ広い広場になっていた。市場のようだが、常設ではないらしい。今日はがらんとしている。市場を囲む形で、やはり雑貨屋が並んでいる。どうやらこのあたりが村の中心地らしかった。何をするでもない暇そうな男たちが何人もたむろしている。

「ムブティの住んでいるところに行きたいのだが。どのあたりか知りませんか？　たしかマワンボというらしいんだけど……」

わたしは会う人会う人に、たずねていった。しかし、どの人も知らないというではないか。もっとも、わたしのつたないスワヒリ語では、質問の意味が通じていない可能性もある。そのうち、英語を話せるお兄さんが出てきた。しかし、やはり知らないという。わたしは不安になってきた。実は、日本を発つ前から危惧していたことがあった。市川さんが『森の狩猟民』を出版したのは、もう二十年近くも昔なのだ。市川さんは本のなかで、ムブティらの生活が変容しはじめている事実を述べていた。コンゴにかぎらず発展途上国では、二十世紀後半の社会変化の速度は、わたしたちの想像をはるかに越えるものがある。もしかしたら……。もしかしたら、ムブティはすでに狩猟採集生活など捨て去り、新たな「発展」の段階に入ってしまったのではないだろうか。

そのようなことを考えていると、わたしを取り巻いている人たちのひとりが急に、「ピグミーのことか？」と聞くではないか。

「そうそう、ピグミーのこと。知ってるのか？」

わたしは勢い込んで答えた。後になってのことだが、わたしの質問が通じなかった理由がわかった。ムブティというのはたしかにこのあたりに住むピグミーの名称だが、前にも述べたようにかれらは自らを呼ぶときは「バムブティ」といっていた。「バ」は「人」という意味である。人類学者は表記の際、「ムブティ」とするが、このときの「ム」の発音はどちらかというと「ン」のほうに近く、「バンブティ」となる。だから「ム・ブ・テ・ィ」といっても通じないのだった。

男はテトゥリ村のさらに先を指していった。

「ピグミーに会いたいのだったら、もう少し先まで行きなさい。十分くらい歩いたところに右へ入る小道があるから。白人《ムズング》もいるから」

えっ、ムズング？　どういうことだろう？　どうしてムズングがそんなところに。いったい、だれが……。わけがわからなかったが、とにかくそこへ行ってみるしかないだろう。わたしは道路を歩きはじめた。歩きながら、もしかしたらだれか人類学者の人が調査に入っているのかもしれないな、いやきっとそうにちがいない、そんなことを考えていた。

謎の道路工事とカトリック神父

一時間近く歩いて、ようやく右に入る道が見えてきた。「十分くらい」とはよくいったものだ。小道へ曲がったとたん、たくさんの人が道路工事か何かに従事しているのが見えた。人がたくさん……ええっ！……これは……。

その瞬間、わたしはパニックに陥りかけた。いま、目の前に展開している光景の意味がよく汲み取れなくて、ただただ呆然と立ちすくむだけだった。この人たちはムブティ！　ずっと会いたかったムブティ。写真でしか知らない愛敬のある顔立ちは、かれらにまちがいない。でも、こんなところでいったい何をしてるんだ。ツルハシやスコップなんか持って。道路工事？　狩猟採集民のムブティがどうして道路工事なんかする必要がある？

わたしの頭は混乱するいっぽうだった。凍りついているからだに鞭打って近づいて行くと、「ハバーリ（やあ、こんにちは）」「カリブ（ようこそ）」とかれらは口々にあいさつしてくれた。そして道の奥手のほうを指さす。わたしはろくろくあいさつもできないまま、よろよろとその先に向かった。

十五分ほどで集落が見えてきた。葉っぱで葺いたかわいらしい丸いドーム型の家がいくつかある。まちがいなくムブティの家だ。しかしすぐに、方形の土壁の家のほうが多いらしいことに気づく。そして家の前で火を起こし、煮炊きしている女や、その近くでうろうろしている子どもの姿も見えてきた。わたしは突然の邂逅に、今度はうれしさがこみ上げてきた。本当に会えたのだ。これは夢ではない。

家は、細長く延びる広場を囲むように、何十軒もあった。わたしは広場の中央付近まで来たとき、一番奥のどんづまりに、巨大な建物があるのを見てとった。見たところ、長さは二、三十メートルはある。わたしはこれまでの旅で、アフリカ人はこんな大きな家を建てないことを知っていた。その家の一角では、ムブティの女ばかりが十数人かたまって座っている。そして白人の女が立ったまま何か話をしているのが見えた。この人だな、ムズングは……。わたしは近づいていってあいさつした。

「どうも、突然すみません。こちらをたずねたら、ムブティに会えると聞いたもので。日本から来ました、フナオ・オサムといいます。写真を撮る者です」

二十代の後半と思われるその若い女性は戸惑いながらも、自分はカトリーヌだと名乗った。ジーンズに真新しい白いTシャツ姿がまぶしい。カトリーヌはかいつまんでこの集落のことを説明してくれた。ここはカドドという集落であった。

「わたしはボランティアでここに来てるの。ここの主宰者のアントニオを手伝ってる。かれは神父さんで、イタリア人。わたしはフランスからよ。ここではおもに保健指導をしています。どうかよろしく。でも、あなた、いったいどうやってここまで来たの？」

話しながら彼女は建物のなかにいるそのアントニオとかいう人を呼びにいった。しばらくして現れたアントニオ氏は、年のころ六十歳ぐらいだろうか、白髪に銀縁メガネ、作業用ズボンを履いた、神父というよりは木工職人といった感じの、柔和だが芯が強そうな人だった。

「やあ、あなたが日本から来られたジャーナリストですか。ようこそ、ようこそ。わたしがアントニオです。それにしてもいったいどうやって、ここのことを調べてきたのです？」

アントニオはカトリーヌと同じ質問をした。かれはわたしがここの活動を取材に来たと思ったらしかった。わたしがここに来るまでの経緯を手短に話すと、アントニオは自分の取材に来たのではないことを知って少しがっかりしたふうだったが、まあとにかく遠いところへよく来た、ベッドがひとつ空いているから使いなさい、といってくれた。ありがたい申し出である。実をいうと、もし今日、ムブティに会えなかったら、夜はどうしようかと思っていたのだ。もちろんテントはザックのなかに入っているから、どこかに張らせてもらう算段ではあったのだが。

ありがたく好意を受けることにした。ザックを下ろすと、アントニオは、そういえば、とわたしに向き直っていった。

「そういえば、あなたは許可証を持っているのでしょうね。あれがないと、いろいろ困りますからなあ、この国では」

「はあ、そうですか。パスポートにはちゃんとヴィザが押されてあるんですけどね。これじゃ、だめですか、やっぱり」

と、わたしはパスポートを取り出して見せた。アントニオは手にとって見ていたが、すぐにかぶりを振りながら、「いや、これじゃなくて。ここの滞在許可証と写真撮影許可証が別に要るのです」という。「この国では地区ごとにゾンと呼ばれる役所があって、その地区に滞在する外国人はすべてそこで登録しなくてはならないことになっているんです。写真についてもうるさいですよ。なあにマンバサまで行けばすぐ手続きできますから。面倒なことにならないよう、許可証だけはつくっておきなさい」

そうですか、許可証ですか。やっぱりなあ。モブツ政権が倒れて、クリーンなイメージのカビラ政権に去年、代わったばかりだけど、そういう役人のシステムは変わっていないのか。またカネがかかってしまうなあ。ヴィザだけでも恐ろしく高いのに、この国では。いやいやカネの問題よりも、面倒くさいなあ。マンバサまで、と簡単にいうけれど、ここからさらに三、四十キロはある。思わず溜め息が出た。

テトゥリまで戻れば、運がよければ車の便があるという。疲れているけど、仕方がない、行くしかない。荷物はアントニオさんが預かってくれるというので、わたしは空身でテトゥリへ歩いて戻った。すると、来るときに使ったバイク・タクシーがまだ停まっているではないか。運がよいことに（?･）、パンクを修理しているのだった。わたしはすぐにマンバサまで行ってくれるよう交渉した。運転手は、今日じゅうにベニまで戻らないとボスに叱られる、と嫌がったが、料金に少し色をつけるという約束で強引に説き伏せた。

マンバサ村へ入る少し手前に、巨大な古びた建物がある。その前がグラウンドになっており、少年たちがサッカーに興じていた。建物には大きな十字架が取り付けられており、周囲を睥睨するかのように見下ろしていた。カトリック教会である。コンゴでは、どんなに辺鄙なところだろうと、少し大きな村へ行けばこうした教会が必ずといってよいほどある。それほど宣教師が入り込んでいるのだった。

アントニオから、ここの教会をまずたずねるように、力になってくれますよ、とアドヴァイスを受けていたこともあり、寄っていくことにした。フランス人の神父さんが出てきて、その部下のコンゴ人が役場《ソン》まで案内してくれることになる。長官《シェフ》をたずねると不在だったので、自宅まで行ってみた。すると身なりのよい丸顔の男（この人がシェフだった）が出てきて、今日は仕事はもう終わったから明日来るようにといわれた。役所仕事はなかなかこちらの思うようにはいかない、というのがアフリカ。

教会に戻ると、どこで焼いているのか、昼食にパンを出してくれた。神父さんは、今夜はここに泊まりなさいといってくれ、清潔な部屋をあてがってくれた。バイク・タクシーの運転手は、参ったなあという表情だったが、結局わたしと同じ部屋に泊まることになった。

教会には衛星テレビがあり、フランスの番組が映る。このような森に囲まれた場所で、フランスのサッカーリーグの生中継を観るのは、なんだか不思議な気持ちである。夕食にはサラダとチーズがついた。神父さんとコンゴ人のスタッフらと一緒にいただく。しかし、神父さんもスタッフらも、どことなく暗い感じだ。わたしはこれまでアフリカのさまざまな地域の教会を訪れたことがあるけど（たいていは宿泊をたのむためであった)、この一種独特の暗さというのはどこにいっても共通している。

会話はすべてフランス語で行なわれる。スタッフ同士もフランス語でしゃべっているのを見ると、わたしはなぜか胸が締めつけられるような居たたまれない気持ちになった。かつて日本は朝鮮半島や台湾を侵略した後、住民に日本語を強要したという。朝鮮半島や台湾の人は、日本統治の終焉から五十年以上たった今でもその事実については許せない感情を抱いている。なぜなら、言葉というものは、そこに暮らしてきた者たちの文化や生活や感覚や、ときには歴史そのものであり、他者から強制される類のものではないからだ。他人の言葉を強制されることは、服従であり、自己を否定することにつながる。だからこそ、それを知っている侵略者たちは、住民に強制使用させようとするのである。アフリカにいると、言葉と文化にかかわるヨーロッパ人の「ゆるぎない意思」をときどき感じることがあって、わたしはそのたびに不愉快な気分になった。

翌朝七時前に役場へ出向いてみると、長官《シェフ》はすでに来ており、机と椅子とタイプライターだけのがらんとした部屋でわたしを待っていた。パスポートと、なぜか黄熱病の予防接種証明書《イエローカード》を出せといわれる。三十分ほどで、写真撮影許可証というのをタイプで作成してもらう。最後の料金の欄には、三十ドルと書き込まれてある。高いのか安いのか知らないが、わたしは三年前に三百ドルも請求されたアメリカ人旅行者を知っていたから、まあ妥当な線なのだろう。これで用事は済んだ。

カドドに居残ることが許される

カドドへ戻ると、ちょうど昼食の時間だった。広場の中央にある大きな集会所《テーレ》で、みなが集まって食べている。メニューは、ヴガリ・ナ・マハラギ。キャッサバを乾燥させたものを粉に挽いて熱湯でゆがいた餅がヴガリで（フーフーともいう。東アフリカでは一般的にトウモロコシを使い、ウガリと呼ばれる）、マハラギは煮豆。アントニオとカトリーヌも一緒に食べている。それにしても、この集団《バンド》にはいったい何人が暮らしているのか。カトリーヌは、正確なことはわからないけどと前置きして、百二十人くらいかなといった。

百二十人……。それは多すぎはしないだろうか。たしか市川さんの報告では、ひとつのバンドの成員は六十、七十人程度のはず。単純に考えて、自然の恵みだけにたよった生活は、人数が増えるほど、つまり食い扶持の数が増えるほど、むずかしくなっていく。なぜなら、パイはかぎられているのだから。それにしてもカドドのムブティは、道路工事みたいなことをやっていたけど、今でも狩猟採集を行なっているのだろうか。わたしの最大の関心は、その点にあった。

アントニオはいう。

「狩猟？　ええ、かれらは今でもときどき行ってるようですな、森へ。ただ、わたしとしては、狩猟はたいへん不安定な生活手段だと思っています。獲物が捕れないときだってある。大人はいいけど、子どもにとってはたまらないでしょう、その日食べるものがないなんて。オサム、あなたもそう思いませんか」

そう問われて、わたしは答えに窮した。これまで読んだ人類学者らが書いた狩猟採集民についての本では、かれらはけっして食うや食わずのまま飢えに苛まれながら生きている人たちではなく、むしろ現代人よりよほど労働に割く時間が少ない余裕のある生活を送っていることが述べられていた。しかしわたしはまだ実際にかれらの暮らしを見ていないから、それが本当かどうか判断できない。狩猟採集民が余裕を持ってのんびりと暮らすことができたのは、もしかするともう何十年も前の話なのかもしれない。現代では、アントニオがいうように、人口の増えすぎか自然環境の悪化で、狩猟採集という生業はもはや成り立たなくなっているのではないだろうか。それは十分に考えられることだ。

昼食後、集会所《テーレ》には男だけが残り、わたしのことが話し合われることになった。司会はアントニオ。つまり、わたしがカドドで暮らしてもよいかどうか、についてである。わたしのスワヒリ語は十分ではないので、アントニオとカトリーヌが通訳してくれる。まず、わたしが何を目的として、カドドに来たか。わたしは、狩猟採集という生き方に興味があること、森という自然とどのようにかかわりあいながら暮らしているのか知りたいこと、そして写真に撮らせていただきたいこと、を簡単に説明した。かれらはわたしのつたない説明を静まりかえって聞いている。ときおり、ふんふんとうなずいている人もいる。アントニオが一番前に座っている利口で活発そうな男に、どう思うかたずねた。

「あなたがカドドに来られたこと、そのことは歓迎します」

という意味のことを答えた。何人かが、ふんふんとうなずく。「しかし」とその男は続けた。

「歓迎しますけど、あなたが写真を撮ることによって、わたしたちは何を得ることができるのか」

これはなかなか痛い質問である。わたしはこれまでも世界のいろいろなところを訪れて人々の暮らしについての写真を撮ってきている。だけどその行為は、完全にかれらの善意に支えられたものだ。わたしは勝手にかれらの生活のなかへ土足で入っていき、勝手にバシャバシャと写真を撮る。かれらにしてみれば単に、いい迷惑なのである。かれらは写真に撮られることによって直接的に得られるものは何もない。よく観光地などで、被写体になることによってカネを要求し、生計を立てている人もいるけれども、それとこれとは話は少しちがってくる。

困った……。わたしはこれまで、撮影に対して報酬を要求された場合は、一部の例外を除いて拒否してきた。相手がどうしてもカネをもらわなければ撮影に応じられないといったときには、撮影そのものをあきらめてきた。

「残念だけど、ぼくにはあげられるものが何もないんだ。このとおり、持ってきたのはカメラと、あのザックに入っているのはテントや鍋、着替えくらいなもの。そうだな、あげることができるとしたら、ぼくがこれから撮るきみたちの写真ぐらいかな。もっとも帰国してからになるけど」

正直にそう答えると、「写真か、写真もいいな」という声が聞こえてくるいっぽう、「フランガ、フランガ（おカネ、おカネ）」というちょっと照れたようなひそひそ声も聞こえてきた。

やっぱりカネということになるのか、とわたしは落胆を隠しきれなかった。狩猟採集という生き方とカネは、わたしの頭のなかではどうしても結びつかない。わたしは狩猟採集民に対して、「自然と共存する」イメージを勝手にふくらませて理想化しすぎていたのではなかったのか。いやいや、ここは白人《ムズング》たちが入り込んでいるから、特殊なケースと考えてもよいのではないか、という思いも消し去ることはできない。いずれにせよ、わたしはこのカドドには居残るべきではないと思いはじめていた。バンドは他にもいくらでもあるはずだ。気持ちよく写真を撮らせてくれるところを探そう、と思った。

そのときだった。鼻が他のムブティよりひときわ横広がりの愛敬のある顔をした初老の男が口をはさんだ。

「おいらは何もいらねえよ。でも、くれるというなら、カトリーヌがほしい」

男がそういったと同時に、テーレはどっと沸いた。うひゃひゃひゃひゃ、うっくくくく、とみんな腹を抱えて笑っている。アントニオも、「そうか、シンギ、おまえはカトリーヌがほしいか」と受けにいっている。かれの名はシンギというらしかった。シンギの冗談が効いて、話し合いはうやむやのうちに終わった。わたしはどうやらカドドにいてもよいことになったらしい。後になって、シンギは非常に人徳のあるやさしい人柄であることを知った。おそらく、わたしが困っているのを見ていられなくて助け舟を出してくれたらしかった。

話し合いの最後に、アントニオは、最初に質問した利口で活発そうな男を紹介してくれた。かれの名をアビボという。

「アビボはカドドの首長《カピタ》だから、オサム、かれと一緒にいれば、いろいろムブティのことを教えてくれるでしょう」

えっ、首長？　ムブティに首長がいるのか……。それは初耳だった。あとから詳しく述べることになるが、狩猟採集民のひとつの特徴として平等性があげられる。もちろん年長者への年相応の尊敬というのはあるが、それはどの社会にもみられることだ。そんなことではなくて、階級のことである。サラリーマンなら社長のほうがヒラよりえらくて、給料も多い。王制なら皇族のほうが庶民よりえらい。世界のどの国を見ても王や大統領がいない国はないし、州や県や町や村にも必ず長が存在する。ところが、狩猟採集民には首長と呼べる人が存在しない、とどの書物にも書かれてある。なぜならその必要性がないからだ。

かれらの生き方というのは「その日暮らし」を特徴としているから、モノを貯めこむことがない。ということは、富の偏在もないということ。富と権力は固く結びついているわけで、つまり狩猟採集社会では権力者はだれも存在しないことになっている。わたしはそのように聞いていた。ますます、このカドドはかなり特殊なバンドなのではないか、という疑いが強くなってきた。偶然ここに迷い込んで置いてもらうことになったけど、わたしの当初の目的を遂げるには不適切な場所なのではないか、とも考えはじめていた。

6　カドド

「首長」のパフォーマンス

森で迎える初めての朝。六時、空がようやく白みだすころ、鳥の鳴き声がまるで合図でもしたかのようにいっせいにはじまる。それまでの森の静寂は破られ、わたしはその気配で目が覚めた。

部屋の外に出てみると、森はまだ白く濃い霧に包まれており、木の葉や枝に付着した水滴が絶え間なく落ち、ぽたぽたという音を立てている。モノクロームの森は、どこか中国の水墨画を思わせる。

自分がいまムブティの集落にいることが信じられない。昨日までの不安な気持ちがうそのようだ。

朝食は、アントニオのお手伝いさんである農耕民ナンデの女が用意してくれ、スタッフはめいめい勝手に食べることになっている。ムブティたちは自身で用意して食べる。アントニオは朝食と夕食はお手伝いさんのつくった洋風の食事を食べ、昼食はムブティの女がつくったものを全員でいっしょに食べるようにしていた。

わたしはコーヒーと揚げたバナナをいただいて散歩に出た。

アビボがすぐについてきて、天候がよくなったら狩りに連れていくという。それはありがたい申し出だ。でも、わたしはそのような他人に見せるための狩りには興味がない。それでは観光地によくあるショウとしての踊りとなんら変わりがないではないか。かれら自身が食べるための獲物を捕りに自発的に森へ入るのなら、喜んでついていくつもりだ。というか、それが見たくてはるばるコンゴの奥地くんだりまでやってきたのだ。

「天候がよくないと、どうして狩りには出られないのか」

と聞くと、アビボはついて来いといった。二月は本来ならばコンゴ東部は乾季なのだが、この年は毎日のように小雨が降っていた。おそらく世界的な傾向なのだろうが、雨季と乾季の境がこのところあいまいになっているような気がする。

アビボについて、森のなかにつけられた人ひとりがようやく通れるほどの小径をゆく。蔓性の植物が縦横に繁茂し、足元には膝の高さまで一面に草が生い茂っているけれども、歩きにくいという感じは受けない。そこかしこに、ふた抱え以上の幹を持つ巨木が点在し、熱帯林特有の板根を持つものも多い。

踏みしめる落ち葉はしっとりと濡れそぼり、腐葉土のようにやわらかい。市川さんが本のなかで述べられている「乾季にはかさかさに乾いた落ち葉の上を歩き、ときにはその上でうとうととまどろんだ」状態とはずいぶんちがう。今年はやはり天候不順なのだろうか。

十五分ほど歩くと、視界が突然開けた。イトゥリ川だった。泥色に濁った水が轟々と音を立てて意外なほど早く流れている。川の両岸には見わたすかぎりの黒々とした森が途切れることなく続いている。川幅は百メートル近くあるだろうか。

人工的なものなど何ひとつ見当たらない原始のままの美しい川で、三年前に貨物船で下ったコンゴ川を思い出した。対岸には森に埋もれるようにして一軒の家があり、女がひとり微動だにせずにこちらをじっと眺めている。農耕民ナンデの一家が暮らしているらしい。家の前には、木をくりぬいてつくった丸木舟が一艘ひっそりと浮かんでいた。

狩りへ出かけるには丸木舟で対岸へ渡る必要があるらしい。この流れでは、たしかにそれは厳しそうだ。アビボは、晴れ間が続けばすぐにも水量は下がるというが、どうやら狩りに出られるのは当分先の話だろう。

午後には道路まで出て、今度はそこを歩きながらイトゥリ川まで連れて行ってもらう。農耕民の住む方形の泥壁の家が点在している。家の周囲はよく掃き清められており、バナナやパパイヤの木が必ず植えられていた。

車の往来がほとんどない代わりに、自転車が活躍していた。このあたりでは、物資の運搬用に使われているらしく、中国製の黒い自転車に荷物が山ほど積まれている。変速機がないので漕ぐのはたいへんらしく、押して歩いている姿をよく見かけた。一度にできるだけ多くの荷を積みたい気持ちはわかるが、何もそこまでと思うほど大量に積んでいる。

このあたりでは大きな街であるベニ方面への積み荷は必ずヤシ油だった。ヤシ油は中央部アフリカでは料理に必ずといってよいほど使われる油で、アブラヤシの赤紫色の実を絞って採取される。その橙色のヤシ油を二十リットルのポリタンクで四つほども自転車にくくりつけているのだから、悪路を漕ぐ困難さは容易に想像できた。

いっぽうベニの街からやってきた人の荷は、バケツやコップなどのプラスチック製品、靴や衣類、布といった日用品がほとんどで、軽くてたくさん運べることを基準に品物を選んでいるのではないかと思われた。

目的地はマンバサではなく、さらに先のバファセンディという街とのこと。マンバサからさらに二百七十キロもある。バファセンディでは仲買人が待ち受けていて、荷はトラックに積み替えられ、このあたりでは最大の都市キサンガニまで運ばれていくらしい。

アビボに木の名前やキンブティ語（かれら同士はスワヒリ語ではなく、キンブティ語と呼ぶ言葉を使っている。ただし後述するように、これは農耕民ビラの言葉と同じである）の単語などをたずねながら歩いていると、アビボはどういうわけか突然、「オサムはアブラヤシの実を採るところを見たいか」と聞いてきた。

もちろんのこと、わたしは「見たい、見たい」と答えた。アビボは道路から三十メートルばかり森へ入ったところに植わっていた高さ十五メートルほどの木を物色すると、躊躇することなく幹につかまってするすると登りはじめた。幹には堅皮のでこぼこがあって、これだったらクライミングの心得のあるわたしにだって登れるかもしれないなと思いながら見ていた。あっという間に、地面から三分の二まで登る。

そのとき、かれは信じられない行動に出た。幹を離れ、林冠部から垂れ下がっている一枚の細長の葉っぱに乗り移って腕力だけでぶら下がったのである。わたしは瞬間、あっ、落ちる、と思った。ところがかれは葉っぱをわしづかみにしたまま、交互に片手懸垂を繰り返して、わっさわっさと登りきってしまった。人間業とはとても思えなかった。アビボは何食わぬ顔のままアブラヤシの実が何百個とくっついた塊を腰にさした手刀《パンガ》で切り取り、どさっと落とした。

後になってこのときのアビボの行動をかえりみると、かれはわたしが狩りに行けないことをしきりに残念がっているのを感じとっていたようで、わたしを喜ばせるためにこのようなアトラクションを考えついたらしかった。同時に、首長《カピタ》としての力を誇示する目的もあったかもしれない。ムブティは他人の心を読み取る能力にたいへん長けているらしいことを、わたしは暮らしを共にするなかで徐々に気づいていった。

「労働」とは何かを教える

しかし一週間ほどカドドに滞在するうち、わたしはここでの生活にいささか飽き飽きしてきた。というのは、わたしはここへ、自然に強く依存しながら暮らす「本来の」ムブティの姿を追ってきたはずだった。なのに男たちときたら、森へ入っていくわけでもなく、朝から例の道路工事なのである。

ツルハシを握るムブティなんかに会いにきたわけではなかった。こんなはずじゃなかった。男たちは毎朝、アントニオの家の前に集まり、点呼を受けてツルハシやスコップを渡される。そして小径を拡張して車が通れる道にするために、木を切り倒し、ツルハシを振るう。

しかし三十分もすれば、みんな単純な労働にすっかり飽きてしまい、アブラヤシの実を採りに行ったり、タバコを吸ったり、腹減ったと愚痴をこぼしたりしている。昼食までそうやって長い長い時間を持て余すのが常だった。

道路工事にはいったいどのような意味があるのだろうか。そのことも含めて、そもそもこのカドドの目的は何なのだろうか。

アントニオは私のことを最初は胡散臭く思っていたようだったが、夕食を一緒に食べながら音楽や映画のことや、訪れたことのあるイタリアについて話をしているうち、少しずつ打ち解けるようになっていった。夜には気を使って短波ラジオのBBC放送を聞かせてくれたりもした。

やがて、かれが何のためにカドドに来て、実際にどのような活動を行なっているのかについて少しずつ話してくれるようになった。

「わたしが初めてコンゴを訪れたのは一九六七年のことです。キンシャサの大学に派遣されたのです。その二年後から、カトリック教会の神父として、コンゴ各地を転々とする生活がはじまったのです。そうですな、もうあれから三十年以上たってしまったのですな……」

コンゴの三十年前などとうてい想像もつかないが、当時はいまよりはるかにたくさんの外国人が住んでいたし、道路もよくメンテナンスされていて、ベニからキサンガニまで信じられないことに一日で走破できたのだという。ベルギー領時代の遺産がまだ十分に利用できた時代だったのだろう。アントニオはおもにコンゴ東部の村々を渡り歩いた。

「イトゥリの森へ本格的に足を踏み入れたのは一九八九年になってからです。そのときはもう、カトリック神父という身分はありませんでした。わたしはムブティたちの愉快な性格とイトゥリの森の美しさがすっかり気に入って、かれらの発展のために一生を捧げようと思ったのです」

ムブティに会う人はみながみな、かれらの魅力に参ってしまうようである。アントニオはいわゆるN

GOを設立し、活動しているのであった。その名は、プロジェクト・ピグミー・エタベ。エタべというのは地名で、テトゥリ村の西約七キロのエタべ川のほとりにある。ここには一九五七年にフランス人宣教師がやってきてカトリック教会を建てたが、七年後に現地に住む農耕民ビラとの間でトラブルが起こり、殺害されたという。その故人の遺志を継ぐ意味で、エタべという名を使用しているそうだ。

「では資金はカトリック教会、つまりヴァチカンから出ているのですね」

と念を押すつもりでたずねると、

「いえいえ、ちがいます。教会からは一銭ももらっていません。ある理解者がスポンサーになってくれて、協力を一手に引き受けてくれているのです。このプロジェクトは宗教とはいっさい関係ありません、中立の立場です」

と強い調子で否定された。プロジェクトはアントニオとかれの弟ベニートのふたりで運営されている。ベニートはいま、ベニの南にあるブテンボーという街へ用事を済ませに出ていた。あと、ボランティアとして、カトリーヌが参加している。

実際にプロジェクト・ピグミー・エタべが立ち上がったのは一九九〇年のこと。一九九四年からは場所をここカドドに移して活動を本格化させ、現在にいたっている。

アントニオはこのあたりの森をかなりくまなく歩いているようで、大型のノートブックを持ち出してきて、広げて見せてくれた。そこにはムブティの各集団《バンド》についての情報が、詳細な地図と共に記されていた。

わたしがそのノートを食い入るように見ていると、カトリーヌが「コピーしてあげたらどうかしら、アントニオさん」といってくれたが、アントニオはそれには答えずにノートをぱたんと閉じて部屋にしまいにいった。それはそうだろう、長年の情報の集積を、わたしのようなどこの馬の骨かもわからない人間にそうやすやすと教えられるものではないだろう。

「それにしても、ムブティが毎日のように行なっている道路工事はいったいどのような意味があるのです？　あれはあなたのいう活動の一環ですか、それとも単にムブティと雇用関係でも結んでいるのでしょうか。ぼくにはちょっと理解しがたいのですが」

わたしは少々非難がましくたずねた。するとアントニオもムキになりながら、こう説明してくれた。

「あれは道路工事をさせているのではありませんよ、オサム。ムブティに、労働とは何かということを教えているのです。わかりますか、わたしのいっていることが。雇用ととってもらっては困ります」

労働とは何かを教える？　労働が日々の糧を得るためのものだとしたら、あの道路工事によってムブティは何を得ているのだろうか。カネか、食べものか。

「かれらは一週間のうちに三日か四日は道路工事に出ます。日曜日は安息日ですから、労働してはいけません。あとの日々は、かれら自身が考えて使います。狩猟や採集に出かけていく者もいるはずですよ。木や蔓を採ってきて、立派な家を立てる人もいますよ。そう、道路工事のことでしたな。われわれはカネはあげませんが、労働の報酬として、家族が困らないだけの食べもの、ヴガリやバナナ、豆などを支給しています。ときどき、石鹸や衣服なども支給します」

とアントニオは自信たっぷりに答えた。しかしわたしはかれの説明に、どこか割り切れないものを感じた。労働というのはその程度のものなのだろうか。食べものやわずかばかりの日用品をもらうためにいやいやからだを動かすことを労働と呼ぶのだろうか。戦時中に炭鉱で強制的に働かされた朝鮮人労働者と何もちがわないではないか。

第一、支給される食べものはすべて農耕民が栽培したものばかりだ。ムブティがふだん口にしていたものとはちがう。

わたしが納得していないのを感じ取って、アントニオは続けた。

「いいですか、オサム、あなたもすでに感じているかもしれないが、ムブティはこの国ではまるで人間扱いされていないのですよ。コンゴ政府はかれらにＩＤカード（身分証明書）も発行しないのですよ。国民は携帯が義務づけられているというのに。そのうえムブティは、まわりの農耕民からはまるで動物のように思われているのです。ムブティが捕まえてきた獲物を、かれらが数字に弱いのをよいことに、ただ同然でだましとっていく」

アントニオはだんだん熱を帯びた調子になってきた。

「だからわたしは、なんとかしてやりたいのです。救ってやりたいのです。ムブティが他の民族から搾取されず、抑圧されず、堂々と生きてゆけるように、手助けしてあげたいのです。森の奥深くで不安定な移動生活を送るより、定住したほうがいい。それにまだ着手していませんが、いずれは学校をつくって、数の概念やお金の使い方を教えたいと思っています。言葉も、ビラの言葉なんか使っていたらいつまでたっても隷属状態のままですから、スワヒリ語を教えます。スワヒリ語はこのあたりでは共通語ですから。首長を育てて、民主主義によって集落を運営していかなくてはなりません。トイレだってつくらなくては、衛生状態が……それから……」

伝統と発展の折り合いのつけ方

わたしは聞いているうちに、だんだんやりきれない気持ちになってきた。教えます、教えます、か。そんなにムブティは劣った人たちなのか。数の概念がないことや、溜め込み式のトイレがないことは、はたしてムブティが無知で能力に欠けるせいなのだろうか。

まだ一週間しか一緒にいないので堂々と自信を持って主張できないのがつらいところだけど、数の概念もトイレも言葉も、かれらが無知だから存在しないのではなく、おそらくこれまで必要がなかっただけのことではないだろうか。そしてそのことは、長年の生活様式のなかで養われてきたひとつの文化の形態に過ぎないのではないか、という確信がわたしにはあった。

「教える」という言葉は、同じ文化圏のなかで育った者同士で初めて使うことのできるものだと思う。生まれも育ちも背負った文化も異なる者が「教える」ことは、いっぽうで「教えられる」側のこれまでの人生を否定することになりはしないだろうか。

アフリカの近代史は、ヨーロッパ人による「教育」の成果でもある。キリスト教の宣教師（その多くはカトリックであった）が、現地人を文明化するという使命のもと続々と送り込まれてきたのは周知の事実である。布教のいっぽうで各地で学校を建設し、初等教育を担ってきた。布教と教育は必ず抱き合わせで行なわれる。

わたしがどうしても途上国でのボランティアやＮＧＯ活動の多くに懐疑的になってしまうのは、この「教える」「教えられる」関係がいやおうなくかつての宣教師たちの活動と重なって見えるためである。

他人に何かを教えたり助けたりすることは「とてもよい」ことであり、そのような活動に携わる人は無条件に「すばらしい人」とする風潮がどうにも好きになれない。もっとも、そうした一方的な施しの姿勢を考え直し、対等な関係での支援を模索している人たちもたくさん存在するのだが。

教えられたり助けられたりする人にだってそれぞれの人生がある、そこに気がつかない人は自分の価値観を相手に一方的に押しつけてしまう危険性をはらんでいる、と思うのだが、どうだろうか。

厄介なのは、「施し」を与える人にかぎって、それが絶対的に正しいことであり、よいことであり、相手にとってためになる、と盲目的に信じ込んでいる場合が多いことである。わたしはアントニオにもそれを強く感じた。アントニオは神父らしく献身的で行動力があり、他人への思いやりのあるとても尊敬できる人だと思う。だからこそ余計やりきれない気持ちになった。

「では、狩猟採集というのは、野蛮で劣った生活様式なのでしょうか。前にたしか、不安定な生活、とおっしゃっていましたよね。ムブティは狩猟を止めて、どういう生活に変わるのが幸せなのでしょう。農耕ですか？　まさかこのプロジェクトが永久に続くものでもありますまい」

わたしがいちばん疑問に感じている核心の部分をぶつけると、アントニオは一瞬「それは……」と口ごもったが、

「わたしとしてはかれらに狩猟採集という暮らしもダンスも平行して続けていってほしいと願っています。ただ、両立してバランスよくやっていくことがいかに困難か理解できます。いま考えているのは、いずれここで教育を受けた若者が巣立っていくでしょう、そのときどのような生き方を選ぶのかについてはかれら自身の問題ですから、かれら自身で決めてほしいということです。そのときが来るまで、わ

たしはこのプロジェクトを次代に引き継いでいくつもりです」

と締めくくった。

伝統と発展をどこで折り合いをつけながらやっていくか、についての問題は、ムブティにかぎらず、世界中のあらゆる場所で同時に進行中である。先に述べた環境と経済の折り合いの問題ともそれは結びついている。

かつては民族の数だけ、いや人間の数だけ、伝統という文化が存在し、それぞれが世界の中心を形づくり、生きる指標を決定していた。自分の生きている地域や社会や家族こそが中心で、そのような中心が何万、何億と存在していた。価値観は現代よりもはるかに多様で豊かであったことだろう。

ところがそこへ「発展」が入り込んでくると、折り合いをつけるのはむずかしくなってしまった。なぜなら、われわれがいうところの「発展」とは、価値観をある一点に収斂させていくことをさすからだ。その一点とは、工業化や産業化であり、民衆を資本主義に組み込むことであり、グローバルな経済への道筋を意味している。そしてそういった価値観は一元的で、伝統的で多様な文化とは対極にある。

競争させることが「教育」なのだろうか

日曜日。カドドでは労働はお休みとなる。しかし、だからといって、森へ入っていく人はいない。理由は簡単だ、狩猟や採集に出かける必要がないからである。休息日には何もしなくても、食料は支給される。有給休暇というわけだ。といって他にやるべきことがあるわけではない。みな集落の周辺を目的なくぶらぶらして過ごしている。

食料は支給されるものの、黙っていて昼食にありつけるわけではない。というのは、アントニオは、「日曜日は休息日。男衆はいつも家事をやってくれる奥さんや娘さんに感謝の気持ちをもって、この日は家事から解放してあげよう」と教えているからである。

ムブティにかぎらず、アフリカでは男と女の役割分担は非常にはっきりしているのがふつうだ。敏捷性や力が要求される仕事は男が、育児や食事に関する仕事は女が担うケースが多い。ここカドドでも、ふだんの食事づくりは女の仕事である。それをアントニオの教えでは、日曜日は男がメシを炊けというのである。

わたしは不勉強でキリスト教圏の人々の多くがアントニオのいうように日曜日を過ごしているのかどうか知らないが、カドドではとにかくそういうことになっていた。男たちは杵を搗いてモミをとり、水汲みにいってメシを炊く。おかずまで手がまわらないらしく、白飯だけをがつがつと食べていた。

アントニオは敷地内にある小さなトタンぶきの教会でミサをしたあと、テトゥリの教会へも出かけていった。ミサに集まっているのは子どもがほとんどで、女もちらほら混じっている。やがてハレルヤ、ハレルヤという聖歌が聞こえてきた。

男はほとんど出席していなかった。あなたは出ないのか、と初老の男にたずねると、「あそこへ行くと寒気がするんじゃ」と答え、ぶるぶる震えるまねをした。

教会と住居の前は広大な空き地となっており、日曜日は夕方から恒例のサッカーの試合が行なわれるという。柱を立ててちゃんとゴールポストもつくられている。きょうはムブティと農耕民ナンデの試合が行なわれるらしい。

「ムプティには競争という意識が欠けています。だから他の民族から馬鹿にされるのです。サッカーは競争心を育みますから、やがてムプティも対等意識をもつようになるでしょう」

とアントニオは説明する。サッカーも「教育活動」の一環なのである。

その良し悪しは別にして、試合にいどむムプティらの登場は演出めいていて傑作だった。アントニオはサッカーを教える際、イタリアのトップリーグ、セリエAの試合のビデオを観せているそうで、列になって小走りにグラウンドに集合する動きといい、全員がすっかりトップスターになりきっている。そろいの青いユニフォームは、イタリアの少年サッカー・チームのお古とのこと。もっとも裸足であるところがアンバランスなのだが。

試合はムプティの圧倒的優位のまま進んだ。背丈だけ見ると、ムプティはナンデと比べてまるで子どもだが、からだの動きは数倍敏捷で、運動量も多い。ただ細かいパスなどはまるっきりへたくそで、とにかくボールをもったら突っ走ってゴールを狙う。ゴールが決まると、観衆のムプティの女や子どもたちが、これまたビデオで観て覚えたのだろう、わーっと叫びながらグラウンドに入ってきて駆けまわる。ホームということもあるだろうが、結局試合はムプティが四対〇で勝った。

ムプティのありのままの姿を撮ろう

アントニオの弟ベニートがブテンボーの街から帰ってきた。トヨタのランド・クルーザーがエンジンを震わせながらカドドに入ってくると、子どもや若者たちが歓声をあげてその後を追った。ベニートとは初めての対面である。兄と同じく人のよさそうな、がっちりした体格のおじさんだが、わたしの姿を目にしたとたん、かれの表情がこわばったのが気になった。その理由は数日後に明らかになったのだが……。

アビボは「午後は森のなかを少し散歩しよう」というのだが、ベニートが戻ってきてからは、気もそぞろで落ち着かないようだった。ベニートが街から大量の物資を運んできているので、中身が気になって仕方がないのである。食べものか、衣類なのか、もらえるのか、もらえないのか。

やがて配給がはじまった。そのうわさが伝えられると、男も女も血相を変えて倉庫めがけて全速力で駆けていった。この日は石鹸がひとり四個支給されたのだが、どういうわけかうれしそうな顔をしている人はひとりもいない。そのうち何が不満なのか、眉間にしわを寄せて大声で叫ぶ人や、泣き出す人も現れはじめた。

ムブティらが不満をあらわにして口々に叫ぶものだから、ベニートも折れて他の箱を開ける。パンタロン、パンタロンという興奮した声が聞こえてくるから、今度は衣類なのだろう。しかしどのような基準で配っているのか、ある人には二枚、ある人にはゼロ、といった具合で、もらえなかった者はものすごい形相になって怒りをあらわにしている。いったいどうやって収拾がつくのか、と見ているこちらがはらはらしてきた。

やがて騒ぎは収まった。衣類がとにかくひととおり行き渡ったようである。みんなさっそく着替えて、得意そうに出歩いている。ベニートによると、衣類はイタリアの民間援助団体をとおして寄付された品物で、古着もあれば押入れに眠っていた新品もあるという。

この暑いのに、皮のコートを羽織って得意そうにしている者もいる。そのぐらいならご愛敬で笑って見ていられる。しかし、黄色い小さな赤ちゃんのヨダレ掛けをかけて得意そうにしている若い男を見たときは、思わず目をそむけたくなってしまった。あまりにも悲しく、涙が出そうな光景だった。

アントニオの好意でわたしはカドドに置いてもらっていたけど、そろそろ潮時かなと思いはじめていた。道路工事をしたり、モノをめぐって争ったり、わけのわからない日曜日の習慣を押しつけられて手持ちぶさたに過ごしている、そのようなムブティの姿はもう見たくなかった。

かれらが狩猟の習慣を失っているのなら、ここにいても仕方がない。他のムブティの集団《バンド》はどうなのだろうか。やはりカドドと似たような状態なのだろうか。それともまだ狩猟採集にたよって暮らしている人たちはどこか他にいるのだろうか。とにかくここは出よう。でもどこに行けばよいのか……。

二、三日、そんなくさくさした気持ちのまま、しかしなかなか踏ん切りがつかず、あいかわらず無為の日々を過ごしていたときのことだ。そのころ急速に親しくなったパクトゥンジャという初老の男の家の前で、子どもたちが走りまわって遊んでいる姿をぼんやりと眺めていた。

女の子たちは大輪の赤い花をどこからか採ってきて、額のところにうまく結びつけている。男の子は太い蔓をうまく丸めてボールに見立て、サッカーのまねごとに興じている。住む世界がちがっても、子どもたちが遊ぶ姿はやはり世界共通だな、と思った。それに男と女というのは、こうして小さいときから興味をもつ対象や遊び方もちがうのだな、とも思った。

そのうち女の子たちは急に駆けだして、広場の老木にするすると登りはじめた。さすが狩猟採集民の子どもたち。感心しながら彼女たちの姿を追ったわたしの目は、次の瞬間、釘づけになってしまった。

……なんという美しさ。

まるで妖精だ。五人の女の子が、幹の途中からこちらを見ている。逆光のため、黄色いやわらかな光が彼女たちをすっぽり包み込んでいた。あたかも木や空と一体化しているようで、神々しささえたたえている。

わたしはあわててカメラを取りだし、望遠レンズをセットする手ももどかしく何枚かシャッターを切った。コンゴ入りしてから初めて手ごたえのあるシーンが撮れたと思った。

そのとき、はっと気づいたのだった。

わたしはムブティの同時代の姿を撮りに来たのではなかったのか。すでに狩猟や採集にかれらが出かけなくなっていたとしても、それはそれでムブティのいまの現実の暮らしなのではないだろうか。かれらだってわたしたちと同じ時代に生きる人たちだ。「発展」への憧れだって当然もっているだろう。だとしたら、ここカドドはむしろ、急速に変貌していくムブティの生活のドキュメントを撮るにはむしろ最適な場所なのではないだろうか。

アビボは「もうすぐ狩りに連れて行くから」と相変わらずいってくれているものの、その気配はまったくなかった。最近ではわたしはアビボよりも、パクトゥンジャと行動をともにすることが多くなっていた。アビボはいろいろ気をつかってくれるのだが、一緒にいるとなんとなく鬱陶しいところがあった。それは単純に相性の問題である。しかしわたしは完全に居候の身であるから、相性というのは楽しく過ごすためにはきわめて重要なポイントであった。

その日はテトゥリ村で開かれる市の日で、わたしはパクトゥンジャに連れて行ってもらう約束をしていた。テトゥリでは水曜日と土曜日の二回、開かれる。ところがアビボが、連れて行くのは自分だと主張するので、結局三人で出かけることにした。

わたしは市場が大好きで、どこの国へ行っても街や村で市が開かれていれば必ず顔を出す。露店を冷やかして歩くのは、何か掘りだしものを探す気分に似ている。市場を歩くと、そのあたりの人がどのようなものを食べているかわかるし、物資の流通の経路も想像できたりする。

料理用バナナやサトウキビに混じって、真っ黒な魚の燻製や、サルの肉などが売られていた。どろりとした橙色のヤシ油もポリタンクやビール瓶に詰めて売られている。おもしろいのは計量の仕方で、ヤシ油はビール瓶一本の単位で、米ならガラスの透明なコップ、乾燥キャッサバはプラスチック製のタライ、と販売の単位がそれぞれちがう。

アビボがヤシ油を持って帰りたいという。

「いえね、女や子どもたちが喜ぶのではないかと思って……」

と照れながら請うてくる。こちらも居候のお礼をしようと考えていたので、ちょうどよかった。かれは値段の交渉などとてもできそうになかったので、わたしが売り子のママと直接交渉して二十リットルのポリタンクいっぱいを購入した。その他に一キロ入りの塩を十袋買ってもたせた。

アビボは市場へ遊びに来ていたカドドの若者をひとりつかまえると、棒切れを拾ってきてポリタンクの取っ手に通し、目的を達したとばかりに籠かきのような格好でエッサエッサと帰っていった。

パクトゥンジャとふたりきりになると、今度はかれが恥ずかしそうに、

「酒《マッカリ》を売っている店があるのだけど……」

と遠まわしに飲ませてくれといってきた。

店は市場から外れた街道筋にあった。ただ店といっても看板を掲げているわけではなく、見かけはふつうの民家だ。家に招きいれられると床は土間になっており、木製の椅子が五、六脚散らばっている。熱帯の強い日差しを逃れて家のなかに入ると、内部は真っ暗で何も見えなくなる。戸口しか開いていないから、明かりはそこから漏れる光だけだ。それでもしばらくすると目が慣れてくる。

上背のある愛想のいい女が、ビール瓶になみなみ入れた酒《マッカリ》を持って出てきた。透明で、つんと匂う。ラム酒のような香りがする。ビール瓶一本が十万・新ザイール。この酒場は農耕民ナンデの経営で、自家醸造して商売しているらしい。部屋のなかには原料のトウモロコシが干されて山積みとなっている。

先に飲めというから口をつけると、うっ、これは強い。原料はトウモロコシとキャッサバ。パクトゥンジャはコップになみなみ注ぐと、キューッという感じで一気に飲み干した。お見事！　駅でカップ酒をあおっているおっさんの飲みっぷりにそっくりだ。

「こいつはあまり急いで飲むと危険なのじゃ」

とかなんとかいいながらも、あっというまに一本空けた。パクトゥンジャは酒が入って気が大きくなったらしく、今度は堂々と「もう一本いいか」と聞いてきた。酒飲みというのは世界中、行動が同じである。

帰り道はもうご機嫌である。カドドで見かけるかれはどちらかというとむすっとした怖い顔をしていたのに。もしかすると、いまの表情のほうが素顔なのかもしれない。

しかしカドドが見える場所まで来ると、酔いが覚めたかのように真顔に戻った。

「なあ、このことはアントニオさんには内緒にしておいてくれないか、な」

と哀願する。中学生が喫煙を先生にいわないでくれよというのにそっくりで、噴きだしそうになる。ところが本人はかなり真剣なようすであった。

けれどもあれだけ飲んでいたらだれだってすぐにわかってしまう。案の定、アビボがすぐにすっ飛んできた。それもわたしのところに。

「あんた、酒飲んだだろう。カドドでは飲酒は禁止されているんだぞ。酒はムバヤだ（よくない）、いいかムバヤだ」

とたいそうな剣幕である。

（酒ぐらいでうるさいなあ）と思ったが、カトリックはそういえばたしかに飲酒を禁じてはいないが、酒への依存を戒めていたはずだ。アントニオは「宗教的には中立だ」といってたけど、日曜日のミサといい、わたしには合点がいかないことが多い。アビボはアントニオの忠実な僕《しもべ》といった感じでいつもふるまっており、わたしはかれのそんな優等生的なところが苦手なのかもしれなかった。

定住集落マテンボでの踊り

ベニからマンバサにかけての街道筋には、とくにイトゥリ川の近辺に、カドドのような定住集落が散在している。マウロ、ペケレ、サユー、といった集落がそれである。

それらの集団《バンド》は完全に定住して生活しているのではなく、ときどき森へ入っては移動しながら狩猟や採集によって糧を得ているという。一度たずねてみたいものだといいふらしているのがアビボの耳にも入ったらしく、近くの別のバンドに連れて行ってくれることになった。

テトゥリ村の市場の脇を抜けていくと、やがてケモノ道のような細い踏み跡になった。十五分ほど踏み跡をたどり、小川をわたって小高い丘を少し登ると、ふたりの農耕民の男が遠くから全速力で駆け寄ってくるのが見えた。

「イチカワ！　ハラコ！　オータニ！」

と興奮して日本人の名を叫んでいる。ふたりとも黒光りする肌の長身の男で、手には数十センチもある手刀《パンガ》を握りしめているので一瞬どきりとした。ムブティの物腰のやわらかさに比べると、どうしても農耕民の振る舞いは粗雑で荒々しく見えてしまう。

もっとも単に農作業の途中だっただけで、パンガに他意はないのだが。どうやら日本人のわたしの姿が突然あらわれたので、以前にこのあたりを調査された文化人類学者の市川光雄さんや原子令三さんの名前が口をついて出たらしかった。

アビボはなぜか無視して通り過ぎようとする。するとふたりの男は今度はわたしに向かって、

「おまえはだれなのだ、ここで何をしている」

と強く咎める調子で聞いてきた。アビボはなおも無視しているので、わたしは「散歩をしています」とだけ答えて歩を進めた。

「あいつらはビラだ。よくないやつらだ」

とアビボはその場をやり過ごしてからつぶやくようにいった。

「どうしてよくないのだ。日本人を知っているようだけれど……」

「なに、やつらはおれたちムブティからいつも肉《ニャマ》を取り上げようとするのさ。よこせ、よこせって。欲

張りなんだよ、あいつらは。ナンデの人たちはまだ買ってくれるからましだけど、どうもビラはね」と毒づいた。

「イチカワはビラのやつらをとおしてムブティに会いに来たからよくないけど、あんたは直接カドドにやってきたからよかったよ」

と、市川さんが聞いたら苦笑するようなこともいってのけた。

そういえば先日、アントニオがカドドの若者に、「ビラの言葉なんか使うな、スワヒリ語を使え」と怒っているのを見た。理由として、ムブティはいつもビラから搾取されていること、文字のあるスワヒリ語がこれからは必要になってくることをあげていた。

アフリカ人の多くは本来、文字を持たなかった。アフリカ大陸には千近くの民族が暮らしているが、いわゆる無文字社会を構築し、大事なことは口承によって伝達されたのである。

スワヒリ語は十五世紀ごろに確立された混交言語《ピジン》で、古くから交易を行なっていたアラブ人たちと接触する過程で生まれた共通語である。だから文字もアルファベットで表記される。

ムブティが自らの民族の言葉ではなく、なぜビラの言葉を使っているかについては後でまた詳しく述べると思うが、それは長年にわたる両者の蜜月とでもいうべき共生関係から派生している。狩猟採集だけにたよる生活は、かなり以前から消失しており、ムブティは農耕民ビラになかば従属することによって生計を立てていた。

アントニオの目にはしかし、ムブティが一方的にビラに搾取されている、と映っているのだろう。ビラ語ではなくスワヒリ語の使用を奨励しているのにはそのようなわけがある。忠実な僕《しもべ》であるアビボは

（p.114－115）イトゥリ川を丸木舟で渡って狩猟に出かけるムブティたち。
（p.116上）テトゥリ村の教会で聖書をひもとくシスターたち。
（p.116下）マテンブのバンド（p.120〜参照）で突然踊りがはじまった。

だからアントニオと同じ白人《ムズング》（アフリカに住む人の多くは、日本人も白人《ムズング》の範疇に入ると考えている）の仲間であるわたしの前でビラを非難する行動に出たものと考えられる。

めざす集落、マテンボに着くと、長老が出迎えてくれた。カドドに比べるとこじんまりしたバンドで、十数軒の家が広場を取り囲むように並び、中央にはやはり男たちの集会所《テーレ》がある。若い男が数人、談笑していた。そのうちのひとりは見覚えがある。カドドまで道路工事に来ているという。まるでサラリーマンの通勤である。

テーレの天井にはトウモロコシと小鳥がぶら下がり、炉の火で燻《いぶ》されるようになっている。太鼓がふたつに竹笛がいくつか、それに鈴などもぶら下がっている。生活感がなんとなくにじみ出ている。この、生活感というものがカドドには欠けていた。

太鼓を興味ぶかく眺めていると、長老が命じたのだろう、若者たちがどこかへ散っていった。しばらくするとシダの葉などを腰にぶら下げて腰蓑にし、足首に鈴をつけた男たちが戻ってきた。

ふたりが太鼓を叩き、おもむろに踊りがはじまった。いつのまにか十数名になっている。全員が男で、猫背のようにからだを屈めてガニマタで竹笛を吹きながら、輪になって踊る。竹笛は一本一本の長さが異なっており、ちがった音色が奏でられる。ブゥーブゥー、ボォーボォーという濁った音階が何重にも重なって、足首の鈴のシャンシャンという音とみごとに響き合い、にぎやかな協奏となった。

男たちの額には玉のような汗が光っている。本当はこんな炎天下ではなく、暗くなってから踊るのだろう。ピグミーはかつて古代エジプト人たちに「神の踊り子」と呼ばれたように、非常に洗練された独特の踊りを舞っていたという。そういえばわたしはカドドに来て以来、まだ魂を揺さぶられるような踊りを見ていなかった。

森の中のムブティしか知らない世界

パクトゥンジャが今度は、少し遠出するのに付き合ってくれることになった。街道筋をマンバサ方面に歩く。イトゥリ川は来たばかりのころに比べて流れがだいぶゆるやかになり、水も透明度を増してきている。ようやく乾季の安定期に入ったのかもしれない。

続いてバンゴ川が現れた。こちらは川幅十メートルほどで、川原には無数の蝶がひらひらと舞っている。沿岸には緑の森が張り出して川をおおいつくさんばかりだ。コンゴの川はつくづく美しいと思う。いつまで見ていても飽きない。どこか太古の世界にでも迷い込んだような錯覚にとらわれる。

大きな村に出た。マジュワノ村というらしい。街道に沿って十数軒の店が並び、雑貨屋と自転車修理屋が細々と商いをしている。村の中央には小屋があり、えらそうな人が真ん中に座って村人から税金か何か徴収している最中であった。

村外れにはかつてのベルギー領時代の名残であるコーヒー農園跡があり、その脇道を二十分も歩くと、葉っぱを葺いただけのドーム型の家が見えてきた。ムブティの家だ。マバマというバンドで、七、八軒ばかりの小さな集落である。

集会所《テーレ》に招き入れられて休んでいると、三人の男がどかどかと現れた。漆黒の肌に長い手足、ごつい顔。ビラである。ひとりはテーレのなかに無遠慮に入ってくると、開口一番いった。

「治安警察の者だが、外国人が勝手に森へ入っていったという通報を受けた。許可証を見せてもらおうか。あんたはどこから、ここへ何しに来たのか」

わたしは自分がジャーナリストであることを述べたが、相手はそれが何なのか知らないようであった。許可証を出してもあら探しされてカネを要求されるのは火を見るよりあきらかだ。アントニオ神父のところに置いてきた、とかれの名前を出すとわりと簡単に引き下がっていった。

治安警察たちが去ると、ムブティは口々に「ムバヤ、ムバヤ（悪いやつらだ）」といった。

「あいつらはときどきやって来て、やれＩＤカードを見せろだの、肉《ニャマ》をよこせだのと要求するのです」

さらに面倒な人を連れてこられると困るので、早々に立ち去ることにする。小径を抜けると、マトコという三軒のみのバンドに出た。パクトゥンジャがわたしのことを写真屋さんだと紹介するので、どこへ行ってもかれらの集合写真を撮らされる羽目になる。それは望むところではあるのだが、写真を撮るというとみな一番きれいな服に着替えてカメラの前に立つ。わたしとしてはふだん生活しているままの光景を撮りたいと思うのだが、まあだれだって汚れた服装で写るのはいやなのだ。

森のなかにはムブティのみが利用している小径がそれこそ縦横無尽に張り巡らされている。パクトゥンジャがいうには、たまにビラたちがやって来る場合もあるとのことだが、それも街道筋に近いバンドにかぎられるようである。

民俗学者・宮本常一の著作のなかに、四国の山中で「穢れ」のある人のみが利用する道があった、という記述を読んだ記憶があるが、同じ平面上に、すぐ近くにあったとしても決して交わることのない道や空間が存在するようなことは、意外にあちこちにあるのかもしれない。イトゥリの森にはムブティしか知らない世界が確実に存在する。

小さなせせらぎに立てかけられた切り倒された大木の橋をわたると、マテンブというバンドに出た。円形の広場を囲んで十数軒の半球状《ドーム》の家が並んでいる。ムブティの家は基本的に木の枝と葉っぱだけからつくられた半球状の家である。

広場の上にはぽっかりと青い空が抜けており、バンドのまわりは完全に深い森でおおいつくされている。長い間わたしが夢想してきた、ムブティのキャンプのイメージとぴったり重なるバンドだった。外界から隔絶されている感じがなんともいい。そこに暮らす男の半数近くが上半身裸である。一目でこのバンドが気に入ってしまった。

「なあ、パクトゥンジャ、このバンドに置いてもらうことはできるだろうか」

わたしは思わずそう口走っていた。パクトゥンジャは近くの人とふたことみこと話をして、あっさりこういった。

「オサム、ぜひいらっしゃいだって」

そのときのわたしの気持ちをどう伝えたらよいのだろう。引越しだ、引越しだ。ここに住むぞ。わたしはもう有頂天だった。

人数が少ないなと思ってたずねると、なんと他の人たちはいま森の奥にある狩猟のための移動キャンプに出かけているというではないか。狩猟と採集という生業は、まぎれもなくここで息づいている。ようやくたどり着いたのだ。

ただ、ひとつ難問があった。それはわたしがカドドまでいったん帰ってから、ひとりで再びこのバンドまで戻って来れるかということである。道案内なしに迷路のような森の小径を歩くのは不可能に近い。

ところがパクトゥンジャは簡単にいったのだ。明日、一緒に来よう、と。

そのあと、マテンブからマケレ、マコンボとバンドをさらに訪ね歩いた。が、もうわたしの頭のなかは明日から暮らすマテンブのことでいっぱいだった。

わたしたちの知らないかれらだけの世界……。

それはどんな世界なのだろうか。いつも思い続けていた狩猟のシーンをこの目で見て、森の奥ふかくで暮らすのだ、と考えると、身震いがした。

カドドから森の狩猟キャンプへ

そういえば先ほどマテンブで、首長《カピタ》はどの人かとたずねたところ、エパのことか、という問いが返ってきた。するとパクトゥンジャは急に気色ばんだ。

「ちがう、ちがう、何をいってるんだ。エパのことじゃない。首長《カピタ》はビラじゃないだろう、ムブティだろう」

エパというのは「父」をさすビラ語で、文化人類学者の報告によれば、かつてビラとムブティが緊密な関係を保っていたころの呼び名だ。従属しているムブティがそれぞれある特定のビラの男のことをそのように呼んだ。

パクトゥンジャが住むカドドでは、ビラはムブティの敵として教えられており、言葉もスワヒリ語をあえて使うように指導されている。だから旧習の「父《エパ》」という言葉にはかなり抵抗感を抱いているようだった。しかし逆に考えると、ここマテンブの人の口をついて出てくるということは、それだけエパという言葉もビラもまだまだ近い存在なのではないだろうか。古い習慣が残っているということは、当然、狩猟も採集も、またかつての生活様式も健在であることを示している。わたしは明日からの暮らしを考えると、帰路も足が地につかないかのようだった。

カドドへ戻ると、カトリーヌが高熱を出して寝込んでいた。だれが見てもマラリアだとわかる。それほど辛そうだった。二度目の発作らしい。治療薬にキニーネを飲ませていたが、あまり効かないようで、今度熱が下がったらベニートがブテンボーの街へ医者に診せに連れていくという。それでも調子が悪いようなら、大事をとってフランスへの帰国の手続きを進めるとのことであった。

彼女の苦しそうなようすを見ていると、マテンブのキャンプへ移る決意が鈍りそうだった。森の奥でもし重い病気にかかったら、いったいどうしたらよいのだろう。しかしようやく探しあてたのだ……。

考えても気持ちは揺れるばかりだったので、荷物を整理することにする。持っていく荷物は動きやすいようにできるだけ切り詰めなくてはならない。カメラのレンズもフィルムも、できるだけ精選する。

アントニオに計画を話すとあまりいい顔をしなかったが、それでも最後には、マラリアには十分注意しなさい、と快く送り出してくれることになった。テントを広げてチェックしていると、アビボがすっ飛んできた。

「オサム、明日出発するのか。マテンブにはどのくらいいるのだ」

「ああ、そうだなあ、できるだけ長くいたいなあ。一か月ぐらいかな」

と答えると、わたしがそのまま日本に帰ってしまうと思ったようで、

「じゃあ何か贈りものをしてもらわなくては。あちこち案内してあげたし」

と真顔でいう。アントニオが苦笑しながら、オサムはまた戻ってくるよ、とかれに説明していた。

その夜、わたしがカドドに来て初めての踊りがあった。明日出発するわたしへの餞《はなむけ》といったら、好意的に解釈しすぎだろうか。女たちは、エーアーッ、ウーアーッ、と歌いながら、輪になったり、一列になったり、それが大きく広がったり、縮んだり、と変化に富む踊りを披露してくれた。老若に関係なく楽しそうで、ときおり独特のテンポで、くるっと飛び跳ねて回転するのが珍しかった。

しかし女たちに比べて男たちの動きはどこか精彩を欠き、太鼓を叩いていた若い男は突然やめてどこかへ行ってしまった。女たちが手を頭のうえに載せて、再びエーアーッ、ウーアーッと太鼓を催促しても、男は戻って来なかった。

男たちは別のテーレに移ると、今度はラジカセを持ち出してきて、カセットの音楽に合わせて踊りはじめた。それはコンゴで広く親しまれているリンガラ音楽で、ゆるやかなラテン風の音律に調子を合わせながら、ゆっくり腰を振る踊りである。先ほどまでのムブティの音楽とはまるで別物である。

リンガラは、ぱりっとしたファッションできめたキンシャサっ子が踊ると実にさまになって格好いいものだけど、ムブティのリンガラははっきりいってダサかった。太鼓に合わせて踊るほうがよほど素敵なのに……。だがカドドのムブティにしてみれば、ラジカセの音で踊るほうがより洗練されて都会的なのだろう。

空にはいまにも手が届きそうなぐらい何万という星がちかちか瞬いている。明日からいよいよ森の奥へ入る。それはどのような旅になるだろうか……。

7　狩猟と採集

念願の狩猟キャンプでの暮らし

朝早くカドドを発ったつもりだったが、目的地のマテンブに着いたのはとうに昼をまわっていた。久しぶりに撮影機材一式にキャンプ用具などを担いだものだから、マテンブに着くとどっと疲れが出た。腹が減ったので、米と豆を炊いて食べる。今回はどのくらいの滞在になるのか見当もつかないので、米と豆、塩を少々買い込んできた。

さっそくテントを広げると、子どもから大人まで、わーっと歓声をあげながら寄ってきた。組み立てると、「家だ、家だ」と大はしゃぎで、ナイロンの生地を触ったりしている。

本当は集落のはずれに張りたかったのだが、みんながここにしろといってくれたのは、広場のど真中。これでは全員から常時見られることになってしまうが、仕方がない。

「オサム、みんなのために酒《マッカリ》を買ってきてもらうから、お金をくれないか」

と、パクトゥンジャが珍しく無心する。やはり他のバンドに来ているので、かれも気をつかうのだろう。かれのいう「酒」はやはりこのあいだの強いマッカリのことだったので、リポンドも買ってきてもらうことにする。

リポンドは通常「飲みもの」全般をさす言葉だが、かれらのあいだでは、ヤシ酒をさす場合が多い。ヤシ酒は、ラフィアヤシの樹芯に傷をつけておくと染み出してくる液体を貯めて、半日から一日自然発酵させた淡い乳白色の飲みもので、見た目はカルピス・ソーダといったところだろうか。

アルコール度は低いがほどよい酸味がきいて、うまくできたものは上品なワインのような飲み口である。熱帯地方の一服の清涼ドリンクといった感じで、下戸のわたしでもこれならいけた。今日は初めて森のバンドへ入った日だ、一杯やりたい。

夜がふけると、男たちは集会所《テーレ》に集まりだす。長老格の男がマッカリを少しずつまわす。女や子どもたちにも、コップはまわっていく。ふだんはどちらかというと物静かなムブティも、酒が入れば陽気になって話に花が咲くのはいずこも同じ。他人のうわさ話や今日の失敗談、それにわたしについての話題など……。

竹筒も男たちの間をまわる。大麻《ムツンゴ》の水パイプで、ゴポゴポッ、ゴポゴポッ、という静かな音が、闇に吸い込まれていく。おかげでわたしもすっかりいい気分だ。

森の静寂のなかで、いつもよりも声高な話し声と、かれらの「うふふふ」という笑い声だけが響き合っていた。わたしの意識は飛んで、過去と現在を行ったり来たりしている。こうしてムブティらと輪になっていることが、ひどく不思議な気もするし、ずっと昔からかれらとはこうしていたような気もする。

ここのテーレには屋根がないので、見上げるとすぐ空だ。木の枝を組んだ長椅子が据えつけられており、ごろりと寝転がるとまばゆいばかりの星空である。七歳くらいの男の子が宙をさして、「あっ、星が動いている」と叫んだ。

人工衛星が黄色い光の軌跡を描きながら、ゆっくりと頭上の星空を横断していく最中だった。ふと気づくと、バンドの人全員がその星を目で追っていた。それはどこかほのぼのとして、安らぎをおぼえる光景だった。

こんな情景をかつてどこかで見たことがあったな……。

それがいつのことだったのか記憶をたどろうとするのだが、竹筒がまわってきて思考は遮られた。

わたしはいまどこにいるのだろう。

なぜムブティらと一緒にいるのだろう。

わたしはここで何をしようとしているのだろう。

女たちの手で夕食が次々に運ばれてきた。最初に、キャッサバをふかしたもの（ムホゴ）と蒸し焼きの魚。次に、焼きバナナ。そして、煮たバナナとキノコをヤシ油で炒めたもの。

各家庭から、それらの料理は男たちに届けられる。男たちは炉を囲んで車座になりながら分けあって手づかみで食べる。

「おい、もっとムホゴをもってこい。ムホゴ」

と、妻にえらそうにいいつける姿を見ていると、衆人の前で自らの力を誇示する男の本性を見る気がして、なんだか気恥ずかしい。妻はぶつぶつ文句をいいながらも、子どもにいいつけて届け、男の顔をそれとなく立てている。

こうしてテーレに集って男たちだけで食事する光景は、カドドでは見られなかったものだ。夕食はそれぞれの家庭でばらばらにとっていた。しかしここマテンブでは、女は自分の家の前で子どもと一緒に食べ、男は全員テーレに集まっている。

最初、わたしが来ているものだから、男はみんな気をつかってテーレで一緒に食べているのかと思ったのだが、のちに狩猟キャンプに入ってからも必ずこのスタイルで食事していた。

マテンブにはいま、全部で二十人ほどが暮らしている。森のさらに奥にある狩猟キャンプには、この二倍、約四十人ほどが出かけているらしかった。その夢にまで見た狩猟キャンプへは、明日連れて行ってもらえることになっている。

「ところでパクトゥンジャはいつカドドに戻るの？　明日になってからかい」

とわたしは問うた。なぜならかれはまったくの手ぶらで来ていたからだ。ところがかれの返事は予想外のものだった。一緒に狩猟キャンプに行ってくれるのだという。

それはありがたい、たのもしいかぎりだ。でも荷物は……と口に出しかけて、その心配は杞憂ではないかと思い直した。夜はテーレでゴロ寝するというかれが用意しなくてはならないものなんか、考えてみたら何もない。わたしは「森の狩猟民」ムブティの実力を、このときにはまだ本当には理解していなかった。

仕掛け網にかかったニワトリの原種のような鳥。

あくる日マテンブを出て森のなかの小径をたどること三時間半、かすかに人の声が聞こえてきた。狩猟のための移動キャンプに着いたのだ。葉っぱを葺いた半球状の家が、弓形の広場の外周に沿って十数軒並んでいる。瓦の役目の大きな葉っぱは、マングングといって、歩いてくる途中にもたくさん茂っているのを見かけた。

キャンプの名前は、マンギーナというらしい。集会所《テーレ》まで来ると、パクトゥンジャはわたしのことを何やら説明していた。居合わせたムブティたちは無関心を装いながらも、それとなくわたしのようすをうかがっているのがわかる。やがて滞在が許されたらしく、テーレのすぐ脇にテントを張ることになった。

向かいの家の男が、軒先に吊るしてあった黒い羽に赤い嘴をもつ鳥を、食べなさいといってくれた。ニワトリの原種のような鳥で、パクトゥンジャが解体して塩味に煮込み、これが夕食となった。筋肉を噛み切るのに苦労したが、赤黒い肉片を噛み締めると、じわっとおいしい汁が出た。

翌日の朝がた少し雨が降った。雨が降ると肌寒く感じる。鳥の声が騒がしくなるころ、人々は起きだして、男は三々五々テーレに集まってくる。火をくべながら、からだを暖めている。銘々が適当にバナナやキャッサバを焼いて朝食にしたり、赤紫色のコーラの実をつぶして鍋に入れ、それを煮立てたものを飲んだりしている。コーラの実はいまでも西アフリカでは重要な交易品のひとつで、熱帯地方の森で採れる。それを煮立てたものはイリコと呼ばれ、渋みがあるお茶のようなもので、起きがけに飲むと眠気がとれてすっきりした。

クンギャの儀式

みんなあまりにものんびりしており、朝から大麻《ムツンゴ》を吸っている者もいるため、今日は出かけないで休むのかと思った。毎日、狩りに出かけるわけではないのだろうか。ところが九時ごろになってから、数人がおもむろに網《クーヤ》と槍《エコンギ》を携えて森へ入っていった。

「あの人らがクンギャを行なう」

とパクトゥンジャはいった。クンギャとは何だろうと思いながら、昨夜の残りものの鳥肉を急いでほおばって、かれらの後を追った。

パクトゥンジャも隣の人から網《クーヤ》を借りてもっていく。もたせてもらうと、ずっしりと重たかった。クーヤはある種の植物の内皮（クーサと呼ぶ）をはがして乾燥させたものをひもに撚り、それをつなぎ合わせてつくられている。新品はうぐいす色をしているが、使い込まれたものは土色のなんともいえない風合いになる。

森のなかにはかれらのみが知る小径が、まるで蜘蛛の巣のように張りめぐらされている。出発してすぐの分岐点に、カサ・ブルと呼ばれる裏が赤色のマングングに似た葉っぱが、あたかも矢印のように置かれてあった。その先にも、同じのがもう一枚あった。

エコンビというもので、これはまさしく道標を意味する。後に続く者たちのために、先頭の人が葉っぱをちぎって置いていくのである。ムブティのなかでのひとつのルールとして決められているのだ。バンドによっては、カサ・ブルに切り目を入れてさまざまな模様を描くこともある。わたしはこうしたものも、ひとつも見逃すまいと興奮してシャッターを切った。

カサ・ブルの葉を切り抜いてつくる森の道標エコンビ。

火を焚いて煙を立ち昇らせるクンギャの儀式。

五分ほど歩いたところで先頭に追いついた。三人の男が腰を降ろして火を焚いていた。さっきキャンプを出たばかりなのに、といぶかったが、これがクンギャと呼ばれる儀式であった。

生の葉をくべているから、白い煙がもうもうと上がっている。神道でお供えなどに使われる榊に似た光沢をもつ葉っぱがついた枝が一本、まるで祠のように煙のところに立てられている。

しばらく座って待っていると、今日の狩りに参加する人々が続々と集まりはじめた。男がわたしを除いて八人。女は六人。少年がふたりに犬が一匹。男は全員が網を持ってきている。槍は持参している人もいれば、もっていない人もいる。

女は獲物を入れるための籠に紐をつけ、それを額に引っ掛けて持ってきていた。熾き火からとった火種をマングングの葉にくるんで手にしている人もいる。赤ん坊を腰にくくりつけている人が現れたときにはびっくりした。勝手な想像かもしれないが、わたしの頭のなかでは森の奥というのは危険に満ちあふれた場所という認識があったから。

クンギャの火で持参したバナナを焼いたり、さっそく採集してきたと思われるキノコをマングングの葉にくるんで蒸し焼きにして食べている人もいる。食べものがあるかぎり、ひっきりなしに口をもぐもぐさせている。

男のうち何人かは、消し炭を指にとり、額や目のまわりなどをなぞって飾りの線を描きはじめた。パクトゥンジャが、シーサという儀式だと教えてくれる。マポリという名の十歳くらいの少年も、大人にならって自分で線を引いている。おまえもやれやれと囃したてられたので、わたしも額を黒く塗った。

もうもうと上がる煙に網をかざす者もいて、その情景は日本のお寺で線香の煙を頭やからだにかき寄

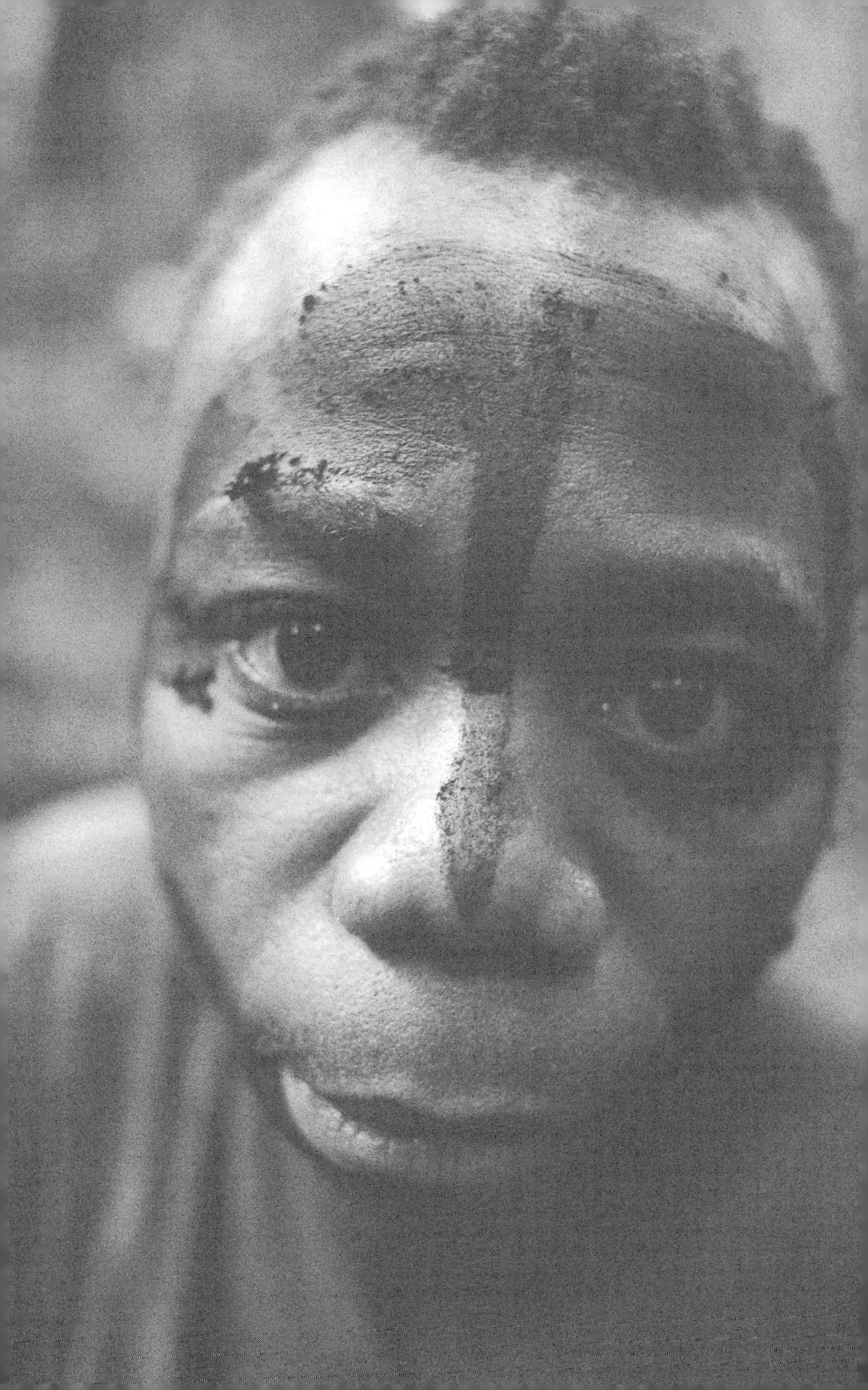

（p.134）狩猟に集まったバンドの人々。赤ん坊を連れてくる女もいる。
（p.135）クンギャのときに消し炭を顔に塗るシーサの儀式。

せながら祈る参拝者の姿と重なった。クンギャにはまさしく、祈りの意味が込められている。豊猟への祈り。身の安全への祈願。森という目に見えない「大きな存在」に対する、他の生命を葬ることへの許しを請う祈り。

祈りの仕方はたとえ異なっても、クンギャと参拝には、共通する意識が底辺に流れているような気がした。

獲物を仕留める

今日の狩りに参加する全員がそろったところで、いよいよ狩りがはじまった。かすかにあった小径もここで離れ、膝くらいの高さに生い茂る草をさわさわとかき分けながら、一列になって森の奥へ入っていく。歩きながら何人かの男が、「イヤァーッ、イヤァーッ」という甲高い声や、「ウォーッ、ウォーッ」という野太い声を出した。森に響きわたるその声を聞くと、思わず背すじがゾクゾクした。

若い男が、コンボを二発打った。森じゅうに、ポーン、ポーンという弾けるような乾いた音が反響した。二の腕を曲げて脇を締めるとできる三角形の空間をもう片方の手で叩くと、男ならだれでもよく響くコンボの音を出すことができた。どのようなときにコンボを打つのかはっきりしたことは決まっていないようだったが、これから出発というように気合を入れるときなどに打つことが多いようである。もっとも上半身裸でないといい音は出ないが、ほとんどの男は半ズボンだけの格好だった。

先頭の男がおもむろに網を掛けはじめた。えっ、こんなところで？　近すぎやしないだろうか。キャンプからまだそう遠く離れていないはずである。野生動物は人間の気配を感じるとすぐさま逃げてしまうのがふつうである。

もしかしたらわたしへのサーヴィスのつもりで、狩りの真似事でも行なうつもりなのだろうか。半信半疑のまま、ムブティらが網を張るのを見ていた。

折りたたんだ網を繰り出しながら、まず両端を木の枝に結びつける。そしていったんもとの位置に戻ってから、数メートル間隔で網を草や枝に引っ掛けて固定していくのである。こうして男たちは次々に網を連結していき、最終的には半円状に網のバリアーを張りめぐらせる。

一本の網は幅が一・五メートル、長さは五十メートルほど。だから全員がつなぎ終えると、延べにして軽く数百メートルの仕掛けができあがることになる。この間に要する時間はわずか十分ほど。

男たちはそれぞれ自分の網が掛けられてある付近で、槍を手にして獲物がかかるのを待ち受けることになる。いっぽうこの間、女たちは散らばって、男が張った半円状の仕掛けに向けて獲物を追い込むべく所定の位置につく。女は勢子《せこ》として狩りに参加しているのである。

犬も重要な助っ人だ。カラカラという音が出るように、トマトピューレの空き缶を利用してつくった鈴を首にぶら下げている。

わたしはパクトゥンジャと並んで、草の陰に隠れるように地面に座り込んだ。パクトゥンジャからはいつものひょうきんさは失せ、真剣に動物の気配に注意を払っているのが見てとれた。それは、ぎらぎらして戦闘的といった感じではなく、どちらかというと呆けたような表情で、全身全霊を森の気配に注入している感じだった。その証拠に、わたしがかれの表情をクローズ・アップで撮ろうと五十ミリのレンズを至近距離まで近づけても、パクトゥンジャは照れることもなく微動だにせずに前方を注視したま罠を仕掛け終えて、精神を集中するパクトゥンジャ。

まだった。

腰を降ろしたまま、周囲をぐるりと見わたす。高さ数十メートルの巨木が枝を広げているので、空を見ることはできない。しかし思ったほどの暗さではない。イトゥリの森は極相林となっていて、すでに自然淘汰に打ち勝ってきた高木が安定状態で保たれているので、何種類もの木々が鬱蒼と絡み合うことがないために、すっきりした印象を与えているのだ。林床には、クズウコン科のマングングなどの草が、大きな葉っぱを広げて繁茂していた。

一般的に熱帯雨林のイメージというのは、鬱蒼とした樹林から気根がすだれのように垂れ下がり、絶えず動物のうなり声や鳥の鳴き声が響きわたり、毒蛇や大蜘蛛がうごめいている、といったものだろう。ハリウッドで制作されるアフリカを舞台とした冒険モノの映画などでは、ジャングルというとこのように描かれている。

イトゥリの森はしかし、心地よい静寂さに包まれていた。明るい感じがするのも意外だった。昆虫や鳥の鳴き声が、静かに空気を震わせながらからだに染み入っていく。あたかも母胎のなかにいるような安堵感にひたっている。動物といえば、ときおりサルの群れが樹間を、枝から枝へがさがさと音を立てながら飛び移って移動するのに出会うぐらいだった。

張り巡らされた網のそばでしゃがみこみ、視線を地面の落ち葉や腐葉土に落とすと、そこには無数の小さな生きものたちがうごめいていた。トンボや蝶の仲間もときおり、ひらひらと樹間をさまよっている。

熱帯雨林は生物多様性の宝庫だということが最近よくいわれるようになった。そして現代では森林保

全というと、多様な生物資源を守っていくこと、つまり遺伝子バンクのような観点から語られることが当たり前になってきている。エイズやエボラ出血熱の原因となるウイルスもまた、かつてはこうした森林に潜んでいたと考えられている。

どこからか、ソプラノの歌声が聞こえてきた。

フウウウーッ、フウウウーッ……

フウウウーッ、フウウウーッ……

その合唱は、声がだんだん大きくなってくる。鳥のさえずる声に似ているがちがう、かといって人間の歌声ともちがう、聞いているほうはからだがふわふわとしてくるような、どこか不思議な旋律の音色だった。うっとりして聞き入ってしまうその澄み切った歌声は、森の静寂さと溶け合いながら、増幅され、ますます純度が高くなっていくようだった。

歌声は少しずつこちらに近づいてきている。

突然、音色が変わった。

ヒュヒュヒュヒュヒュヒュヒュウー、ヒュウー、ヒュウー……

心臓がびくんと反応してしまうようなテンポの速い力強い声になった。そして今度は、バサバサバサッという木の葉が擦れあう音と共鳴しながら、アゥアゥアゥ、オゥオゥオゥというまるで動物のような野太い声に変化した。女たちがいっせいに両手にもった木の枝を打ちつけながら、獲物を網のほうへと追い込んでいるのだった。

平穏に暮らしている動物から見れば、彼女たちの出す声や物音は恐怖にちがいないだろう。ふだんはごろごろしているばかりであまり役に立っているとは思えない犬も、このときばかりは首の鈴をカラカラいわせながら、右へ左へと俊敏に動きまわっているのが見てとれた。

パクトゥンジャはすでに立ち上がって、槍を握りしめている。そして、獲物がそっちへ行ったぞということを伝えるのだろう、ヒヤッヒヤッ、ヒヤッヒヤッとカラスが鳴くような声を出した。

「オサム、走れ、あっちだ。かかったぞ!」

とパクトゥンジャは左手をさしながら大声を出した。それとほぼ同時に、ウンギャーッ、ウンギャーッという火のついたような人間の赤ん坊に似た泣き声が、その方角から聞こえてきた。

わたしはあわててカメラバッグをつかむと、さっそうと仕掛け網に沿って走った。と書きたいところだが、足元に這う蔓に足をとられて思いっきりもんどりうって転んだ。それでも息せき切って現場に駆けつけたときには、男が暴れていたその動物をちょうど網から外し終えたところだった。

「ボロクだ、早く写真を撮れ」

パクトゥンジャも久しぶりの狩りで興奮しているのがわかった。ボロクは子犬ほどの大きさのレイヨウの一種で、青味を帯びた灰色のからだに小指ほどのかわいらしい角が二本突き出ていた。体重は五、六キロといったところだろうか。ムブティの追い込み網猟では、このボロクがもっとも多く網にかかるらしいことが後になってわかった。

男はわたしに何枚か写真を撮らせた後、獲物の後ろ足をつかんで持ち上げ、おもむろに立ち木の幹に頭を叩きつけた。ぐぅっ、という声がもれたが、それきりだった。ボロクは耳と口から血を流しており、走ってきた犬が興奮してその血をぺろぺろなめている。

猟場から猟場への移動

間髪をおかず網がたたまれていく。その手際はすばらしく早い。そして再び森のなかの草をかき分けながら移動しはじめた。獲物がいそうな場所で立ち止まり、また同じ手順で網が仕掛けられていく。

一回の猟に要する時間は約一時間。場所を少しずつ変えながら、獲物を探していくのだった。移動の際は全員が同時に歩くから、どうしてもバサバサッという草の擦れる音や、枝を踏む音が起こる。ムブティも意外なほど話し声や笑い声を立てている。獲物に気づかれるのではないかと素人ながら心配してしまうが、そうでもないらしい。というのは、森に棲む動物のほとんどは夜行性で、日中は草の茂みのなかで熟睡しているのだという。

男たちは移動しながら、動物が残した痕跡に注意を払いながら歩く。イトゥリの森は平坦ではなく、けっこう起伏に富んでいる。そのようななか、小さなせせらぎや、湧き出た水の湿地帯など、水場は意外なほど多い。

わたしはこの日、初めての狩りに同行する際、カメラバッグ以外に小さなリュックサックを担いできており、なかには雨具と一リットルの水筒を忍ばせていた。一日や二日ぐらいは食べなくともなんとも

動物の糞を拾い上げて次にどこへ網をかけるべきか推測する。

ないが、喉の渇きだけは耐えられないことを、これまでの登山の経験から学んでいたからである。が、その心配は無用だった。森にはあちこちに水が湧いており、ムブティらはときおり木の葉っぱを器用にくるくると巻いてコップにし喉を潤していたからである。わたしも二度目の狩りからは、カメラバッグだけを持っていくようになった。

水場は動物が必ず集まる場所である。そのような場所に来ると、男たちはしばらく歩きまわって足跡や糞などを調べることもあった。あるとき足跡を見つけたというパクトゥンジャに、冷やかしの意味でずっと以前の足跡ではないのかと問うと、かれは自信たっぷりに「いや、今日のだ」と断言した。それだけでなく、「今朝、ボロクが二頭こちらから水を飲みにやって来て、あっちの方角に立ち去った」とまるで見てきたようなことをいう。

欧米でも、アニマル・トラック・ハンティングという遊びが流行していると聞いたことがあるが、そういえばわたしは昔ボツワナで足跡から追跡してライオンを見つけてくれた案内人に会ったことがあったし、ルワンダではやはり案内人がマウンテン・ゴリラの糞と臭いから追跡して見せてくれたことを思い出した。

網猟《ネット・ハンティング》の二回目。パクトゥンジャは地面に腰を降ろして獲物の気配に耳をそばだてながら、器用に紙で大麻草《ムソンゴ》を巻いた。ふたりで交互に吸いながら、無言で前方に注意を払う。

「こいつをやると、耳がよく聞こえるんだ」

とパクトゥンジャはいった。たしかにこいつにはその作用がある。感覚が鋭敏になって、わずかな物音にもからだがよく反応するようになる。ミュージシャンが吸いたくなるのも無理はないと思う。

次の猟場への移動中、ムソンゴでちょっと一服。

ただ、動くのが億劫になる。この回の網には、獲物はかからなかった。次に行こう、と促されたが、立ち上がるのも面倒くさかった。パクトゥンジャ以外にもムソンゴを吸っている者もいたけど、どの人も相変わらず動きが俊敏なのがわたしにはすごく不思議だった。

三回目。またしてもボロクがかかった。今度は角のない雌で、すぐに力いっぱい首をひねって殺した。次の猟場を求めて移動する途中、自分の急所に突然、激痛を感じた。何かこう、針のようなものが先端に突き刺さっている感じだった。思わず声に出して、うめいてしまう。パクトゥンジャは驚いてわたしの顔をのぞきこむが、場所が場所だけに恥ずかしくて、痛みをこらえながらトイレに行くふりをする。木陰で恐々とそのものをジーンズから引っぱりだして見たところ、……なんということか、アリが二匹、先端に食らいついており、そのうちの一匹はいままさに尿道口にもぐりこもうとしている最中だった。

これまでも森の小径で、このアリが何万、何十万匹と群れをなし、まるでひと筋の小川のようにわさわさと静かで不気味な音を立てながら行進していく姿を何度か目にしていた。

一九五〇年代にイトゥリの森で暮らしたアメリカ人女性アン・パットナム*（3章でふれた人類学者パトリックの妻）の著した『ピグミーとの八年間』によると、ある夜この刺しアリの大群に襲われて、飼っていたジャコウネコがほんの数時間で骨だけになってしまったという。

ムブティも刺しアリだけは非常に恐れていて、森のなかでその行列を目ざとく見つけると、「オサム、気をつけろ！」と真剣な顔で叫びながら、大げさと思えるほどの助走をつけてジャンプするのが常であった。

四回目。網を張ろうとしていたとき、かれらの動きがぴたりと止まった。声をひそめて何ごとか相談

＊　邦訳の著者名表記はプトナムとなっている。

している。何が起きたのかと、わたしもカメラを構えるのをやめて、静かになりゆきを見守る。

ふたりだけがそろりそろりと網を張りはじめた。その中心に何かいるらしい。いったい何がいるのか、わたしの胸は高鳴った。網は二重、三重に張りめぐらされていく。緊張がこちらにも伝わってくる。

ひと呼吸おいて、何人かが槍を構えたまま飛び込んでいった。そして渾身の力で槍を振り下ろす。その瞬間、黄色いものが跳ねた。男たちは目にもとまらぬ速さで網のなかに乱れ入ると、次々と槍でそいつの急所を狙ってとどめをさした。

茶色の毛並みの大きなダイカー（レイヨウの一種）だった。重さはボロクのゆうに三倍はあるだろう。ムブティらは、クーファと呼んでいた。そばにいた女が興奮した面持ちで、「あたしが見つけたのよ。茂みで眠っているところを」と得意げに話している。

獲物の運搬は必ず女によって行なわれることになっている。いっぽう網を仕掛けたり槍を投げたりするのは男の役目と決まっている。ボロクなら背負い籠に入れ、クーファのような大物なら蔓でしばって、いずれも額にかけて運ぶ。かかった網の主の奥さんがその役を担うことが多いようである。

だからもし狩猟に出て最初のころにたくさん獲れてしまったら、女はたいへんだと思う。ずっと担いでついてこなくてはならないから。しかしだれにだって心当たりはあると思うが、釣りに行って大漁だったら、どんなに重たくてももって帰るのになんの苦にもならないものである。豊漁（猟）というのは、無条件にうれしいものなのだ。

五回目。獲物はゼロ。

動物の糞や足跡を探りながらとはいっても、次にどこに網をかけるかは、最終的にはやはり勘にたよ

20キロ近い獲物のクーファを運搬するムブティの女。

るしかないのだろう。当然のことながら、困った場所にまったく動物がいないこともありえる。いや、どちらかというとそのほうが多いかもしれない。

ムブティの身長が低い理由

それにしても猟場から猟場への移動は、わたしにとっては難渋きわまるものだった。男たちはずっしりと重い網を頭に引っ掛け、長さ二メートルもある槍を手にしているというのに、小走りですたすたと歩いていく。クーファなどが獲れた日には、二十キロほどの獲物を額に担いだ女も、遅れることなくついてくる。

いっぽう、こちらのカメラバッグなんてせいぜい五キロほど。なのに、木の根っこには足をとられ、蔓にからだやカメラが絡まり、木の枝が跳ね返ってメガネが飛び、という惨憺たるありさまだ。怪我をしないように、それだけを注意してついていくのがやっとである。

完全に足手まといになるようなら、おそらく次の狩猟には連れて行ってくれないだろう。そういう思いがあるので、今回はとにかく撮影よりも、遅れないでついていくことに全力を傾けた。このときほど自分のふがいなさを呪ったことはない。

……そうだったのか。わたしは必死でかれらの後を追いながら、ムブティの身長がなぜ低いのか、その謎が解けた気がした。かれらの「世界でもっとも背が低い民族」と呼ばれる特徴の理由を。

ムブティの低身長はあきらかに環境への適応の結果ではないだろうか。たとえば人類全体を見わたしても、寒い地域に住む民族は防寒のために体毛が濃いし、冷気をそのまま吸い込むことがないように鼻

（上）槍を手にさっそうと森を駆け抜けるムブティの男。
（左）森にはさまざまな種類の蔓性植物が繁茂している。

梁が高くなっている。熱い地域に住む民族は、その反対の特徴をもっている。

このような環境への適応は、小さな要因まで数え出すときりがないと思うが、ムブティの低身長が森のなかでの暮らしと密接に結びついていることだけはまちがいないだろう。

森のなかで動物を狩るという生活では、相手に見つからないためには小柄であるほうが望ましい。さらに実際問題として、蔓や木の枝を避けながら俊敏に動きまわるためにも、やはり小柄なほうが有利なのである。

ムブティはアフリカの森の先住民だといわれている。はるかな昔にサバンナから森へと生活空間を移した後、長い年月をかけてこうした形質を獲得していったのだろう。

六回目。またしてもボロクが一頭捕れた。本日の狩猟はこれで終了になったらしく、網をたたみ終えると、全員そろってキャンプへの帰路に着きはじめた。午後三時を少しまわっていた。

結局、今日の収穫は、ボロク三頭にクーファ一頭。これははたして多いのか、少ないのか。初めて狩りに参加した身には判断できないが、狩猟採集民の本分を実際にこの目でしかと確認できて、わたしはえもいわれぬ感動で胸がいっぱいだった。狩りのはじまりのときに、わたしへ見せるためのショウなのかと疑って悪かった。

二十分ほどで小径に出た。踏み跡のまったくないところを歩いてきたので、その心もとない小径がやけに確固として見えた。しかしそれにしても、ムブティはいったいどのようにしてキャンプへ帰る方角を知るのだろうか。

猟場から猟場への移動は、まったく踏み跡のないところを探りながら歩いていた。いったい北へ進んでいるのか、キャンプから離れていくのか、方角も距離もまるでつかめなかった。太陽でも姿を現してくれれば、その動きでだいたいのところは知ることができるかもしれないが、しかしそれでさえ迷わずにキャンプへ帰り着く自信がわたしにはまったくなかった。

このあと数十回にわたってムブティの狩猟に同行したけれど、ついぞ方向や距離を知るための手がかりがつかめなかった。かれらには何か特別なセンサーでも備わっているのだろうか。

わたしなどはトイレに行っただけで迷ってしまうありさまだった。ムブティはキャンプの裏に広がる森へ入っていって、そこで用を足すのである。しゃがんで大をしたあと、さてキャンプ地へ戻ろうと思っても、三百六十度まわりが同じ風景に見えるときがあった。それは非常に心細い恐怖の感覚だった。

捕った獲物を解体する

移動キャンプへは各自がばらばらに帰り着く。キャンプに残っている人たちは軽く目礼するだけで、自分の仕事を淡々とこなしたり、タバコを吸ってのんびりしている。もしかしたらみんな、わーっと駆け寄ってくるのかなと想像していたら、みごとに外れた。狩猟は労働であり、ホビーではないからなのか。

男たちはさっそくパイプに火をつけて大麻《ムソンゴ》を吸う者、集会所《テーレ》に腰掛けてひと息つく者、子どもの相手をしてやる者など、仕事を終えて帰宅した日本のお父さんとなんら変わるところはない。片や女たちは忙しい。夕餉の支度が待っているから、水汲み、薪拾いなどがある。五歳くらいになると女の子も水汲みなどを手伝っている。

(p.156) 水汲みは女や子どもたちの仕事。ついでにキノコなども採集してくる。
(p.157) 母親の薪拾いについていった女の子。
(p.159) 狩猟に出かけたときに地面の穴に手を突っ込んで陸ガメを捕獲。

ダイカーなどレイヨウ類の獲物の解体は、男の手によって行なわれる。近ごろではボロクなどは農耕民との交易にまわされることが多いらしく、内臓と頭をとってから、ていねいに火であぶって毛を焼き、それをカハラと呼ばれる燻製をつくるための台の上に載せて時間をかけて燻される。内臓はマングングの葉に包んで、熾き火の上で蒸し焼きにするか、鍋をもっている人は茹でて食べる。肉は火であぶって焼肉にすることが多い。

「パクトゥンジャ、あれは何だ？ カメ？」

向かいの女がなにか動くものを炉の上に置くのが見えた。急いで見に行くと、やはりカメだった。甲羅の長さは二十五センチ。かなりでかい。陸ガメの一種で、パクトゥンジャらはマティエと呼んでいた。マティエは裏返しにされて熾き火の上に置かれていた。カメはしばらく手足をばたつかせていたが、すぐに静かになった。女は待ちきれないという顔で、石とナイフを使って解体にかかる。甲羅をこじ開けると、中身（ほとんどが内臓）をマングングの葉に包んでやはり蒸し焼きにされた。

大きな獲物は男の手で解体されるものの、こうした小動物は捕獲した者（たいてい女であった）がつぶして食べるようである。女たちは狩猟に出かけると勢子として働くいっぽうで、食べられそうなものを採集して歩く。そういえば木の洞や地面に開いた穴などに、彼女たちはしょっちゅう手や棒を突っ込んでいた。

そばに転がっていた背負い籠をじっと見ていたら、パクトゥンジャが気がついて、女に中身を見せてやるようにたのんでくれた。彼女は、うふふと恥じらいながらも中身を出してくれた。

マングングの葉の包みがふたつと、絡み合った植物の繊維が入っていた。包みには、大ぶりの茶色い

獲物はキャンプで解体され、肉片はすみやかに分けられる。

キノコと、コーラの実が入っていた。植物の繊維は乾燥させて網の材料にするという。

毎日のように狩猟には出かけていくようだったが、獲物がその日どの程度捕れるかは運が大きくものをいう。だから食べられるものなら、見つけ次第とってくる。好き嫌いやえり好みはいっさい許されない。とにかく何でもいただく、食べられるときには腹いっぱいになるまで食べる。もちろん、日によってはある程度食べものが少ないときもあるだろう。これが狩猟採集民として生きるためのルールなのだった。

肉は切り分けられたあと、分配がはじまる。だれにどのような割合で分けていくのか、見ていてもよくわからなかったが、ひとつだけたしかなのは切り分けられた肉はいつのまにかキャンプじゅうの者の手にわたっていることだった。その証拠に、今日の狩猟に参加しなかった人も口をもぐもぐさせているし、幼児も骨付きの小さな肉片をしゃぶっている。ありがたいことに、わたしとパクトゥンジャは完全なる居候なのに、どこからか肉がまわってきた。

そこかしこの家の前に据えられた炉から、肉の焼けるいい匂いが漂ってくる。朝早くに昨夜の残りものを食べたきりだったから、ぐうぐうお腹がなっている。集会所《テーレ》の炉で米を炊き、パクトゥンジャはいただいた肉を煮た。塩と唐辛子で味付けし、できあがったご飯をテーレにたむろしている男たちと一緒に食べる。

そのうち例によってあちこちの家の奥さんから料理が届けられる。これも男たちで分けあって食べる。結局、この日わたしは都合四回の夕食を食べたことになる。

お腹にどの程度入れるか、これがなかなか加減がむずかしい。というのは、日によって、どの程度の

量の食べものが届けられるかわからないからである。あとからまだまだ出るだろうと考えて食べるのを控えていたら、料理はそれっきりで、一晩じゅう空腹で眠れないこともあった。逆に出されるものを次々に口に入れていたら、最後のほうの料理にまったく手をつけられないこともあった。

見ているとかれらは「食いだめ」がかなりできるようだった。食べものが十分にあるときには、小さなからだのどこに入るのかと思うほど、終始口を動かしている。いっぽうで空腹に対してはかなりがまん強いようであった。食いだめもひとつの環境適応の結果なのかもしれない。

食べることばかり書いてしまったが、かれらの食にかかわる行動や姿勢について述べることは、狩猟採集民のひとつの生活様式だけでなく、われわれ農耕に基盤をおいて暮らす「文明人」とのちがいを明確にあらわすことになるような気がするので、もう少し付きあってほしい。

文化人類学者の報告では、捕れた肉の本来の所有権は、狩猟に使った網の所有者にあるという。わかりやすくいえば、今日パクトゥンジャは他人の網を借りていったのだが、もしもこの網に獲物がかかっていたとしても、所有権はかれに帰するのではなく、網を貸してくれた人にあることになる。

今日の狩りではかれがセットした網に獲物はかからなかった。ところが現にいま、わたしはかれと一緒に焼肉をほおばっている。

食料分配のシステムと意味

つまり、いいたいのはこういうことだ。早い話、狩猟では、自分が獲物を捕ろうが他人が捕ろうが、あるいは狩猟そのものに参加しようがしまいが、そのこと自体はあまり重要ではないということである。

獲物は一時的に網の所有者のものになるものの、キャンプに戻ってきた時点で解体され、バンドの構成員に分配される。分配は繰り返されていき、結果として全員が口にすることができる。

だれだって自分が捕ったものは自分のものにしたくなるのが人情だろう。できれば独り占めしたいというのが正直なところかもしれない。しかしムブティのバンドのような非常に小さな社会では、全員の目があるからそれは許されることではない。家の構造を見てもわかるように、すべての行動や話の内容は他人に筒抜けなのである。何人か集まっているところで自分だけおいしいものを食べるのは非常に勇気がいることだ。あの、気が引ける、という感じを思い出していただければよい。

カドドとちがって、このマンギーナのバンドには首長《カピタ》はいない。分配を指揮する人もいなければ、狩猟の際に采配を振るう人も見当たらない。狩りに参加するかどうかさえも個人の自発的な意思に委ねられていることを後になって知った。

もし森という閉じられた社会で、腕っぷしが強い人や狩猟が得意な人が獲物を独占したらどうなるか。当然、そこには階級が生まれるだろう。階級の上位にある者の常として、富の蓄積に一生懸命になるにちがいない。わたしたちの社会では、カネであったり土地であったり、あるいは株券の類のものがそれに相当する。

では、イトゥリの森における「富」とは何だろうか。それは獲物であり、肉である。ところがここにひとつ矛盾が生じてしまう。森のなかの「肉」という富は有限であるという点だ。富の蓄積をめざすということは、食べる分以上の獲物を捕るということに他ならない。するとやがて食べものは捕りつくされてしまい、とばっちりは直接・間接的に本人に返ってくるだろう。農耕によって食料を増産できるシステムとは、このあたりが根本的にちがう。

こういうふうにも考えることができる。高温湿潤な熱帯雨林では、肉という富はたくさん手元にあってもすぐに腐ってしまう。燻製に加工してもせいぜい数週間しかもたないだろう。ということは、森では富とは所有すべき性質のものではないことになる。

肉という神様からのおいしくすばらしい贈りものは、腐らせてしまうよりはみなで分けあって食べてしまったほうが絶対楽しいし、食料事情も安定する。階級をつくるより平等でいるほうが、恨みやねたみは抑えることができるし、結果として争いの少ない社会を維持することができる。

ムブティ自身はこういったことを意識しているのかどうかわからないが、肉を分けるという行為は富の拡散に他ならないわけで、昔から階級のない平等な社会を築きあげてきたことはまちがいない。われわれの社会は平等が原則の共産主義や社会主義を実験的に試してきた歴史をもつ。しかしそのシステムはどうもうまく運用できないことがわかってきたという歴史もまたもっている。ある意味では、かれらの平等な暮らしというのは、われわれの社会システムよりも一歩も二歩も進んでいるといえないだろうか。

マンギーナのバンドには、二十歳くらいの両足の不自由な若者がいた。子どものときに川でワニに襲われて片足がなく、もう片方の足も不具で、歩くときは座った状態のままで器用に杖を使う。遠くから見ると、地面を這って歩くような感じだった。

そんなかれも、ときおり狩りには参加した。もっとも網を持つことも張ることもできない。しかし勢子として大きな声を出すことはできるし、獲物の痕跡を探すこともできる。またキャンプでは、かれは太鼓づくりの名人でもあった。

日本だったら完全に「障害者」として隔離されてしまうだろうかれは、見ているとごく自然に社会の一員として狩猟に参加しているし、また周囲の人たちもあたりまえのように受け止めていた。ムブティらの態度は助けたり助けられたりといったこれ見よがしのものではなく、人間は対等であるという無意識の当然のあらわれに思えた。かれの働く姿はそのままわたしたちの社会を反転させ投影していた。

狩猟というのは、ある意味でかなりバクチ的なものである。釣りでもそうだが、まわりの人がどんどん釣れているのになぜか自分だけが釣れないというのは、よく経験することである。人智を超えた自然を相手にしているのだからそれはまあ当然といえば当然である。だから腕がよくても技術があっても、釣れないときは釣れない。運もある。

もしも獲物を捕った人がそれをすべて自分のものにするような社会だったら、どうなるか。捕れなかった人は空腹をがまんしなくてはならなくなる。たとえ腕があり技術があったとしてもだ。日本の社会がまさにこのような仕組みとなっていることは、豊かだといわれながらもホームレスが増え続けている現象ひとつとってみても簡単に読み取れる。

では、空腹を避けるにはどのようにしたらよいだろうか。ひとつ考えられるのは、保険の意味で、捕れたときは他人に分配しておけばよい。こうしておけば自分が獲物が捕れなかったときに、捕れた人から分配してもらえるだろうから。ムブティの社会はそのような相互依存が厳格な社会だといえるだろう。

　雨さえ降らなければ、ムブティの狩人たちは毎日のように森へ出かけていった。決まった出発時間などないし、網を何回張るのかも決まっていないようだった。そのあたりはかなり気まぐれなのである。

　あるときなど、二回目の網猟が終わって移動する途中で、大量のエブテの実が落ちているのに出くわしたことがあった。エブテの実というのは直径が七、八センチもある非常に固い殻におおわれた黄色い実で、手刀《パンガ》で力まかせに叩かないと割れない。中心部にソラマメほどの大きさの白い子実があって、ここだけが食用となる。生で食べてもおいしいが、軽くあぶって食べるとカシューナッツのような味がしてたいへんうまい。割るのに力がいるわりには収穫は少ないのだが、森のなかでは貴重な脂肪分なのである。

　かれらは夢中になって拾いはじめた。パンガを手にしている者は、その場で叩き割っている。男はある程度の実を口にすると、網を額から降ろしてタバコを吸ったりしていたが、女は拾うことに没頭していた。集められたエブテの子実をせっせとマングングの葉にくるんでいる。キャンプで待っている子どもや老人に持って帰るのだろう。さらに背負い籠に山のように積み上げている。

　結局、この日は、十分な量の食べものが確保できたからか狩猟は中止となり、みなキャンプへ戻った。動物は一頭も捕獲できなかったが、目的はそれではなく、とにかく食べものが何かしらとれて、腹が満たされればよいのだろう。このように、かれらの行動には予定みたいなものは存在しないし、その必要もないようだった。

　ムブティのいちばんの好物は、蜂蜜だという。蜂蜜は六月から八月の季節にもっとも採れるそうで、

エブテの実が大量に落ちていたので拾い集める。

文化人類学者の報告ではこの時期、かれらは狩猟に出かけることをせずに毎日、蜂蜜だけを採ってきて食べて暮らすのだという。

私がはじめてムブティのバンドを訪れた時期は二月から三月にかけてで、まだ蜂蜜の採集時期には早かったが、男たちは狩猟の途中にときおり歩みを止めてじっと高木の上のほうを注視していることがあった。耳を澄ますと、ミツバチの舞うブーンという羽音がかすかに聞こえてくる。

ンドロンビというたいへんシャイな若者があるとき、狩猟の途中で急にするすると手近の木に登りはじめたことがあった。そして樹上二〇メートルぐらいの幹につかまったまま、木の洞に焦り気味に手を突っ込んだ。何か動物でもいるのか、とかれの行動を見守っていると、どろりとした褐色の液体をすくって口に放り込むのが見えた。なぜかたいへん焦りながら、ものすごい勢いで、すくっては嘗めるという行為を繰り返している。

「オサム、早く来い。蜂蜜だ、蜂蜜！」

パクトゥンジャはそう叫ぶと、ンドロンビの行動に気づいた他の者たちと先を争うようにその木に駆け寄っていった。そして血相を変えて必死の形相のまま、同じように幹に張りつき、猛烈な勢いで手で液体をすくって嘗めている。

わたしも走り寄ると、ンドロンビが茶色い塊をひとつ落としてくれた。ずしりとした感触の蜂の巣で、巣穴からはどろりとした琥珀色の液体が流れ出そうとしている。

ひとくち嘗める。うまい！　月並みな表現かもしれないが、ほっぺたが落ちるほど甘くてうまい。上品な花の香りが、口のなかにぱあっと広がった。ホンモノの蜂蜜というのはこんなに上品な甘さを持っているのか。

これではかれらが夢中になるのも無理はない。森のなかではおそらく蜂蜜を超える甘味をもつ食べものは存在しないかもしれない。少なくともわたしが滞在中に口にした食べものにはなかった。お金を出せばケーキでもキャンディでも簡単に手に入る社会で育ったわたしたちはそのことをあまり意識していないと思うが、人間にとって甘味の追求は長い間、夢だった気がする。森のなかでケーキやキャンディに匹敵する食べものはまちがいなく蜂蜜なのだろう。

写真を撮ることも忘れ、わたしは樹上にいるムブティたちに思わず、おーいもっと投げてくれ！と叫んでいた。

しばらくして騒ぎに気づいた人たちが駆け寄ってきたけど、そのときには一滴残らずしゃぶり尽くされた後だった。まだシーズンではないので、十分な量がなかったためである。平等な分配が原則のムブティの社会だが、こと蜂蜜に関してはこの原則は当てはまらないようである。

マンギーナに滞在中、わたしは懸念していたマラリアに何度かやられ高熱に苦しんだが、そのとき以外はほとんどの狩猟に同行した。写真を撮ることがもちろん目的ではあったが、狩猟に出かけることそのものが楽しくて仕方がなかったためである。

先にも述べたが狩猟も採集も、いってみればバクチみたいなものだ。当たるも八卦、当たらぬも八卦。今日の狩猟では、どのような獲物がいったい何頭網にかかるだろうか。まさに神のみぞ知る、というやつである。「予想できない」ことがこれほどまでにエキサイティングで甘美なものだったとは知らなかった。

一日の猟を終えて満足げに一服。

ムブティたちはいってみれば毎日、三度三度の食事を賭けて暮らしているようなものである。人生を丸ごと賭けて暮らしている、と言い換えてもよい。他のギャンブルとちがう点は、賭けに負けたときは飢えて死ぬときであるという点だ。狩猟という仕事はそのまま生きる目的と直結しているのである。世の中にバクチ打ちはごまんといるだろうが、ムブティこそ究極のギャンブラーと呼ばれてしかるべきではないだろうか。

人間と自然が共存するヒント

男たちが朝、「イエーッ、イエーッ」、「ヒヤッ、ヒヤッ」と雄叫びを上げて森へ入っていく姿は、惚れ惚れするぐらい本当に格好よかった。その声を聞くと、いつも背筋がぞくぞくした。

獲物はたくさん捕れるときもあった。最高は、八回網をかけて、クーファが二頭、ボロクが六頭、陸ガメが三匹捕れた。この日は動物の影がたいへん濃くて、他にもボロクが四、五頭いたのだが、逃げられてしまった。わたしも撮影に忙しく、ずいぶん体力を消耗させられた。

しかし結果的に獲物がたくさん捕れたので、気分は少々ハイな状態にあり、キャンプ地に帰り着くのが楽しみであった。豊猟で、キャンプじゅうの人たちが浮き足立ち、笑いに包まれた夕餉になるのではないかと予想できたから。

ところが、その予想は裏切られた。狩猟に出かけた人々はむしろ固い表情のままキャンプに帰り着いたし、迎える人たちも特にいつもと変わりなかった。

わたしはてっきり、今日珍しくストロボを何発も焚いてしまったのでそれが原因で動物が逃げてしま

い、本当ならもっとたくさん捕れたはずだとかれらが怒っているのかなと気になったが、パクトゥンジャに聞くと、あれはおもしろかったから明日もやってくれという返事。実際にたくさんのお裾分けをいただいたから、わたしのせいではなさそうである。ほかに思い当たる節はまったくなかった。

その数日後、今度は反対のことが起きた。獲物が一頭も捕れなかったのである。午後から雨が降りだして、狩りが中止になったことがその原因だろう。雨が降ると、勢子の追い込む声もよく聞こえなくなり、また動物の立てる気配も雨音でかき消されてしまうからだろう。

ムブティは雨を嫌う。特にからだが濡れることを嫌がる。雨の日は、「ムバヤ、ムバヤ（悪い日だ、悪い日だ）」とか「バリディ、バリディ（寒い、寒い）」とぶつぶついいながら、集会所《テーレ》でたむろしたり家のなかにこもってしまう。

狩猟の途中で雨が降ると、大きな木の根元で火を焚いたりしながら、雨が上がるのを待っている。手刀《パンガ》で木の幹を叩いて降雨を止めるおまじないの「アペ」をやったり、わたしにストロボを焚かせて景気づけをしたりして過ごす。

その日はしばらく雨宿りをしてからキャンプに帰ったのだが、このときはなぜかみなやけに明るかった。

「ブーレ、ブーレ（全然ダメだったよー）」

と、大げさな身振りでへらへら笑いながら戻っていった。キャンプに帰り着いても食べものがないから、雨が止むと男たちがキノコを採りに出かけていった。

わたしたちの感覚なら、不猟のときは気分が晴れずにくさくさしてしまい、逆に豊猟ならば鼻歌でも

でそうなものであるが……。わたしたちとは逆の行動や表情にはどのような意味があるのだろうか。

ムブティの狩猟キャンプにしばらく滞在するうちにわたしなりに推察した考えは、以下のようなものである。狩猟採集民のように有限の資源に全面的に依拠して生きる人たちは、必要以上に獲物を捕りすぎたり貪ることは「よくない」うえに、たいへん恥ずべき行為であるという認識が、からだにも頭にも染みついているのではないだろうか。

捕りすぎることによって資源は枯渇していき、結局は自分自身に跳ね返ってくる。そのことが意識のどこかに刻み込まれていて、だからあの日のように捕れすぎてしまったときには罪悪感が芽生え、キャンプに戻ってくるとき無愛想で怖い顔になってしまった。逆に一頭も捕れなかったことは、その日をキノコだけで過ごすことを意味する。空腹のまま寝ることもあるかもしれない。それを真剣な表情で思い悩んだりしたら、毎日が不安で、生きていくのが辛く苦しいことになってしまうだろう。冗談でもいって笑い飛ばして過ごすほうが健康にはよい。

ムブティは森という宇宙のなかで、どのように振る舞ったら、有限な環境に負担もかけず、自分たちもラクに暮らしていけるのか、を長い年月をかけて模索し会得してきたものと思われる。そのひとつの結果が、獲物が捕れたときのかれらの態度にあらわれているのだろう。

また、捕れすぎた日にわたしが確認できただけで五頭もの獲物に逃げられてしまったのは、かれらの狩猟技術が未熟だったせいとはいえない、どちらかというと必然的なものを感じる。もし全部捕まえていたならば、合計十三頭になっていた。この数字は、ムブティがいくら大食いだとはいっても、キャンプで一日で消費するには多すぎる。逃げられたというより、無意識的に「逃がした」と受け取るべきではないかと思うのだ。

網猟《ネット・ハンティング》の際の網の張り方を見ていて気がつくのは、ところどころに抜け穴があることである。網と網をつなぐ箇所にはたいてい隙間があるし、たるんで高さが五十センチぐらいになってしまっている箇所もある。網の両端を固定するのは、太い木の幹ではなく、細い枝であることが多い。

網の張り方がもしも完璧なら、その場所では大型動物はすべて捕らえられて種が絶えてしまうことになってしまう。次々と網をかけていけば、文字どおり一網打尽となって、そのエリアでは獲物は存続できなくなる。

ところが、あいまいな網の張り方だと、動物はまた一定の割合で逃げるから、しばらくするとまた繁殖できる可能性が大きくなる。将来の子どもたちのために、森の獲物を残してやることができるのだ。この「完全ではない」「あいまいさ」という点に、人と自然が共存してゆくヒントを垣間見た気がした。

いよいよ狩猟キャンプを去る日がやってきた。それは突然だった。朝、目が覚めるとパクトゥンジャが、マンギーナを出るから支度して、と告げに来たのである。なるほど、それで昨夜、みんなは遅くまで踊っていたのか。

定住キャンプのマテンブに戻るのかと思ったらそうではなく、さらに森の奥深くまで移動して、狩猟を続けるのだという。この移動生活にも、ムブティが森と共存して暮らしていくヒントが隠されている。

一か所に長く暮らすと、動物を狩ったり植物を採集したりして当然ながら周囲の環境にインパクトを与えてしまうわけで、生態系を乱すことにつながってしまう。こうして次々と住居を変えることによって、その影響を最小限に抑えているのである。

準備が整うと、三々五々かれらは出発していく。もともと余分な荷物など持っていないから、準備といっても高が知れている。

男なら網と槍。女なら大きな籠に鍋とパンガ、それに残った食料が少々。それがすべてである。女は乳飲み子を籠に入れて背負うこともある。

それに比べて、文明人と称する者はなんと不便なことだろうか。わたしは森のキャンプへ入るにあたって、荷物をかなり厳選してきたつもりである。なのにテントはたたまなくてはならないわ、パッキングするとずしりと重いわで、モノに縛られている自分がつくづくみじめに感じられた。

ああ、ムブティのように軽やかに生きてゆけたらいいのに。

ムブティのように……。

8　森の生活

移動生活に込められた知恵

昨夜、森のなかのマンギーナ狩猟キャンプでは、夜更けまで歌と踊りが続いた。

二度目のマラリアの発作があったばかりで、からだはまだ熱っぽくてだるかったが、タンタンタンという太鼓の音が鳴り響いてくるといてもたってもいられなくなり、テントからずるずると這い出した。姿は見えないが、漆黒の闇のなかから人々のざわめきが聞こえてくる。

明かりといえば、それぞれの小さな家の前に据えられた炉からちろちろと立ち昇る赤い火だけだ。それでも目が慣れてくると、次第にうっすらと赤く染まった人々の顔が判別できるようになった。ンドロンビもいる、ブシアもいる、かれの妻ティケもいる、年かさのシンドゥナもいる……パクトゥンジャは集会所《テーレ》に座って見物らしい。

足の悪い男が昨日一日がかりでクーファの皮を張ってつくった太鼓、それに太鼓代わりのポリタンク二個が男たちによって打ち鳴らされており、タカタカタンタン、タカトカタンタンという軽快なリズムが響いてくる。太鼓の脇には、竹を細かく裂いて束ねたバチを威勢よく地面に打ちつけて、バシャバシャバシャという音を出す男も加わる。

女たちは声をそろえて合唱しながら、円になったり解けたり、一列に並んだりと、テンポのある変化に富んだ踊りを披露する。ときおり、ひとりずつ、ぴょんと前にジャンプする。わたしがこれまで見たことのあるどんな民族の踊りともちがう。お尻を突き出して腰と足を小刻みに動かしていたかと思うと、ひとりが唐突に輪の中心に横っ飛びする……。

踊りの最中に発せられる「アーウ、アーウ」「ウッハー」という掛け声が、実によくそろっている。太鼓の側にいる男衆と掛け合いの歌をぶつけあう。言葉はわからないけれど、かれらの表情や踊りの動作などから、動物の歌、恋の歌、男女関係の歌であることは、それとなくうかがい知ることができた。

みんな本当に楽しそうで、数週間前にカドドで見たあのなんともいえないノリの悪い踊りと比べて、まるで天と地の差だ。このときわたしには知らされていなかったけど、翌日にキャンプ地を移動するので、森の動物たちに対する感謝や自分たちの安全を祈願しての歌と踊りであったのかもしれない。

翌朝早く、森のなかにつけられた小径を歩いて、次のキャンプ地であるペビコに移った。マンギーナと同様、深い森のなかでぽっかりと円型に空いた空間で、例の半球状の家が骨格の木の枝が半分崩れかけた状態で十数軒放置されていた。地面には膝の高さまで雑草が生い茂っている。何年か前、あるいは何か月か前に放棄されたままになっているキャンプらしい。

ムブティはこうして森のなかを数週間おきに移動して住居を変えるのである。一か所に長く留まりすぎると、いくら自然とうまく折り合いをつけながら暮らしているムブティといえども、人間である以上は周囲の環境にどうしてもインパクトを与え続けてしまう。森の一員として生きていくためには、自身が移動しながら、その影響を最小限に抑えなくてはならないのだ。狩猟採集民として生きるかれらのひとつの知恵である。

人類の歴史を振り返ってみると、自然の循環サイクルから離脱し、他の生物に対して王者のように君臨しようとしてきた。その方法が農業であり、科学であった。定住して都市を築いていく過程は、まさにそのような行為の延長線上にある。

そして二十一世紀は、遺伝子組み換えやクローンの技術に代表されるように、人類はさらに「神」の領域にまで土足で踏み込みはじめている。そのような時代にあって、今なお自然界にできるだけ影響を与えないように細心の注意を払いながら自らが移動しつつ暮らしている謙虚な人間が存在している。これはもう奇跡といってもよいのではないだろうか。

ムブティの家、家族、集団

ペビコに着くと、女たちはひと休みもせずに、雑草が生い茂る地面を木片などを使って掘り返しはじめた。大きな芋がごろごろ出てくる。かれらがマンボゥと呼ぶタロイモに似た粘り気のある芋である。おそらく捨てられた切れっ端などから自然に発芽したのだろう。そういえば放棄された農耕民の集落跡では半野生化した唐辛子《ピリピリ》が繁茂していることがよくあった。

男たちが手刀《パンガ》で下草を払ったり大麻《ムソンゴ》を吸ったりしている間、女たちの姿はいつのまにか森のほうへ消えていった。半時間もすると、家の骨格に使うンバカという木の枝を山ほど担いで戻ってきた。ンバカはよくしなり、ちょうどドーム型テントを設置するときに使うポールと同じ役目に使われる。彼女たちはひとりで器用に半球状に骨格を組み立てていく。

組み立て終わると再び森へ入っていき、今度はマングングの葉を籠にいっぱい採ってきた。マングングの葉の根元に切れ目を入れ、ちょうど瓦を重ねていく要領で半球状の家の上に葺いていく。これで完成。なんとも簡単なものである。家をつくるのに要する時間はほんの三、四時間だろうか。家を建てるために何十年ものローンを抱え、生活が苦しいと嘆く人が日本にはたくさんいるのを、かれらが知ったらなんというだろうかと、ふと思ったりもした。

家を建てるのは女の仕事と決まっているようで、男たちが手伝うことはまったくない。のんびりタバコを吸っている男たちを見ていると、少しぐらい手伝ってもよさそうに思えるが、きっとこの調子で長年うまくやってきたのだろう。

そういえば何度か訪れたことのある東アフリカのマサイの人たちも、やはり家づくりは女の仕事であった。もっともこちらは、マングングの葉っぱで葺く代わりに、牛糞をこねてべたべた貼りつけていたが。

いっぽうテーレと呼ばれる男たちの集会所は、男衆が協力して建てる。切り出してきた材木で四角い骨組みをつくって蔓で縛り、天井にマングングの葉を葺くだけの簡単なものだが、炉を囲んで長椅子を据えつけることもある。

狩猟キャンプの成員は四十名ほどで、ペビコではみなマンギーナにいたときと同じような配置に家を構えていた。マンギーナでは、まじめな性格のンドロンビ一家と、前歯がなく小柄なブシアの一家、そ

新しいキャンプに移りさっそく家を建てる女。

草の葉と木の枝からなるムブティの家は、ものの数時間で出来上がる。

して長老のアウセと奥さん、独り者のアコパウおじさんらがわたしたちと仲良くしてくれ、テントもその近くに張っていた。ペビコに着くとンドロンビが、「オサム、ここにテントを張れ」と下草を刈ってくれて、やはりかれらのすぐ近くに住むことになった。

人間同士にはどうしても相性というものがある。どんなに努力しても好きになれない、うまく話ができない、一緒にいることが苦痛な相手というのはある。またその反対もある。これはかりはしょうがないことだ。

しかしたとえば都市のように構成要員が多い社会なら、相性の悪い人とはできるだけ会わないようにすればよいだけの話である。選択の自由がある。ところがムブティのバンドのように百人未満の社会だと、そうはいかない。構成要員ひとりひとりが、日常生活で与え合う影響は都市の比ではない。いやでも毎日、みなと会うことになる。しかもかれらの家は生活するための空間ではなく、単に寝るための場所に過ぎず、日中はほとんどみな外にいてずっと顔を合わせているわけだから、なおさらである。

そのような状況で、やはりかれらとて気の合う者同士で固まっていたいのだろう、ペビコでは結果的にマンギーナと同じような家の配置になっているのが興味深かった。

もし互いに気まずいことになってしまったらどうするのだろうか。パクトゥンジャにそれとなくたずねてみると、にやにやしながら、そりゃあ当然出て行く、と答えた。

「どこへ?」

と突っ込むと、他のバンドに行くという。実はその例をわたしは二度目にイトゥリの森を訪れたときに目にすることになった。

この年の十一月に再びカドドを訪れた際、首長《カピタ》であったアビボがいなくなっていた。聞けば、すでにそのバンドを離れたという。みなはくすくす笑うだけで詳しく教えてくれなかったのだが、どうやら夫婦喧嘩が原因で妻は里に帰ってしまったらしい。それで残されたアビボは、マタハという他のバンドへ移ってしまったという。

わたしが森の狩猟キャンプでしばらく暮らしてみて感じたのは、人々の間には非常にゆるやかな連帯というか結びつきがあるのみで、上部から押さえつけるような緊張《ストレス》がまるで存在しないことだった。農耕を基盤としているわたしたちの社会では、階級やヒエラルキーが存在するために序列的な人間関係が生じ、それによって目に見えない形での緊張《ストレス》を必ず引き起こす。強者と弱者の関係だけでなく、強者は強者同士で、弱者は弱者同士で、それぞれ競争や恨みや妬みといった緊張《ストレス》を引き起こしてしまう。

ムブティのバンドにはたしかに狩猟でリーダーシップをとる人間が存在するし、長老格の存在感あふれる人が必ずいた。でもそれは「長」や「首長」という性格のものではなく、いっぽうが他方を抑圧するというものではなかった。

まず最初に家を単位とする家族があり、気の合った者同士が結びついて、たまたまバンドを構成しているという感じだった。ひと昔前にヒッピーと呼ばれた世代が原始コミュニティーを模索した時代があったが、その目指す先はムブティのバンドのようなものだったのかもしれない。

人間はひとりでは生きてゆけないとよくいわれる。常に関係を求めている生きものだとも。ではムブティの社会とはどのようなものか。それはまず家族が基本にあって、次に狩猟を成立させるための関係性に基づいた社会が構成されているといえる。

実際に狩猟に同行すればわかることだが、どこに隠れているかもしれない獲物をひとりで捕まえるのは容易なことではない。たったひとりでは、夜行性の動物を見つけるのはたいへんむずかしいし、網に追い込んで槍で仕留めるのはさらにむずかしい。ひとりひとりがばらばらに猟を行なっても、獲物が捕れる確率はかぎりなく低い。

しかしある程度の人数が協力して狩猟を行なえば、網を張る人と勢子とで役割分担できるし、ずっと広範囲で獲物を探すこともできる。一たす一は二ではなく、五にも十にもなるのである。

このことからも狩猟採集民であるムブティが集団《バンド》をつくる目的は、獲物を安定して得るためであるといえるだろう。そしてその集団はそのまま、社会となる。パクトゥンジャが「いやになったら出て行く」といったように、かれらの社会にはさほど拘束力はない。きわめて自由でゆるやかな社会といえる。

集会所《テーレ》が完成すると、男たちはなんとなく集ってくる。そして炉を囲んで、多くの者が竹パイプをまわしのみする。パクトゥンジャはカドドにいたときはけっしてタバコも大麻《ムツンゴ》も吸わなかったのに、森の狩猟キャンプに来てからは率先してパイプに詰めたり紙に巻いたりしているのがおかしい。

カドドではアントニオが酒もタバコも禁止していたので表だってこれらにうつつを抜かす人はほとんど見かけなかった。しかし禁止するということは、裏を返せばかれらがそれをたいへん好むということを意味している。本来、享楽的で楽しいことが大好きなムブティは実際、暇さえあればテーレに集ってタバコを吸いながら笑い転げている。

ただし、なかにはそういった嗜好品をまったく口にしない人もいた。自分の意志を貫く人たちもいるわけであり、日々を単に流されながら生きているという感じはまったく受けなかった。

わたしとパクトゥンジャは客人の扱いなので、キャンプにいるときはたいていの時間をテーレでぐだぐだしながら過ごした。そのうち、炉に焚く薪を拾ってくるのはいつのまにかわたしたちの仕事となった。石や岩がほとんどないこの熱帯雨林の森では、炉といっても三本の薪を放射状にそれぞれ百二十度の角度で地面に置くだけで、調理のときも鍋を直接その上に置く。

夜、ちろちろと燃える炉を見ていると、ときおり胸が衝かれるような感情に襲われることがあった。たとえば、炉で燃えている火はいったいいつごろから燃え続けているのかという思いなどだ。滞在中、かれらが火を起こすところは見たことがなかった。常にどこかの炉には熾き火が残っており、それをもってきて火を起こすのである。狩猟に出かけるときにも女がマングングの葉に熾き火を大事にくるみ、森の奥で火を起こしたし、雨が降ればふだんは家の前にある炉をなかに移して、火が消えないように注意を払っていた。

ということは……。もしかするとムブティはそうやって先祖代々、火を受け継いできているのだろうか。いま目の前でちろちろ燃えている火は、ムブティが初めて火を得た何万年、何百万年前の昔から延々と継承されてきているものなのだろうか。だとしたら、それはなんだかとてつもなくすごいことのような気がしてきた。

そのような途方もない空想に浸っているわたしを尻目に、男たちは見ていると非常によくからだを動かす。テーレにはしょっちゅう顔を出すものの、ふと気がつくと自分の家の前に戻って何かしら手仕事にいそしんでいる。見たところわたしのようにぐだぐだして過ごしているのは、独り身のアコパウおじさんぐらいなものだ。

テーレの昼下がり。親子で仲良く昼寝中。

ーサと呼ばれる植物の内皮を剥いでクーヤのための細ひもを撚る。

すべてが手づくり

男たちの手仕事の大半は、破れた網の修繕である。クーファぐらいの大きさの獲物がかかると、暴れて網のどこかは必ず破れてしまう。

一度だけ、エクマと呼ばれるモリオオイノシシが網にかかったことがあった。あのときの被害は大きかった。わたしは網のすぐ近くにいて、ムブティが口笛で合図するのが聞こえたのでいつでも撮影できるように身構えていたのだが、いざそいつが姿を現した瞬間、あまりの巨大さにびびってしまい、とっさに身をかわして逃げてしまった。

エクマはいったん網にかかったものの、手がつけられないほど暴れて、網を破って森のなかへ消えていった。わたしは撮影どころではなく、逃げるのが精いっぱいだった。その夜、わたしが真っ先に逃げ出したことがテーレでの笑い話の種になったことはいうまでもない。

網《クーヤ》は、その材料となる細ひもから手づくりする必要がある。こちらは男も女も作業する。かれらがクーサと呼ぶある種の草の内皮を剥いで乾燥させ、それらをていねいに捩ってつなげていき、一本の細ひもをつくる。座って大腿部の上で撚り合わせていくのである。片手間にできるので、世間話に興じながらこの仕事をしている人が多い。

わたしも習ったのであるが、大腿部に生えている体毛が引っ掛かって、痛くてとてもできなかった。ムブティは体毛が少ないため、わたしの大腿部の毛が珍しいらしく、何人も入れ替わりでのぞきにやってきた。

居候していたマンギーナの狩猟キャンプをはじめイトゥリの森の東部に住むムブティらは仕掛け網猟を行なっていたが、北部地域に住むエフェ・ピグミーたちは弓矢猟が中心である。しかしムブティのなかにも弓や矢を積極的に使う人はいる。ただその多くは、樹上に生息するサルを撃つ程度だ。

トゥバという若い男がいて、弓矢を製作するのが得意であった。かれの母親はムブティだが、父親は農耕民ビラである。一見してからだは大きいし、肌色も黒く、また性格もどこか粗雑で少し攻撃的なところがあった。

「写真、写真、オサム、写真！」

と大きな声で呼びかけられて振り向くと、きまってかれであった。

からだが大きくて森をうまく駆けられないためか、本人のやる気がないからか、あるいは同じバンドの成員が狩猟に同行させることを拒否しているためか、わたしにはわからなかったが、かれが狩猟に参加しているのは一度も見かけなかった。

その代わりにいつも弓矢を製作しており、ひとりで、あるいは気の合った者と、ふらりとサルなどを撃ちに出かけていた。

矢じりは、ラフィアヤシの葉柄をていねいに削りだしてつくる。先端には螺旋状に削りあとをつけ、その部分に毒を塗る。毒はある種の蔓状植物の根を掘り起こしてきて、ぐつぐつ煮詰めて絞ると抽出できる。トゥバが座り込んで何かに集中しているときはきまって矢じりを製作しているときで、いちどきに数十本つくっていた。

わたしがムブティと暮らしはじめてすごく印象に残ったことは、ここではモノはすべて手でつくられ

仕留められたサルの頭部。もちろん食用となる。

る、ということであった。機械などないのだから何でも手でつくらなければならないことは、頭ではわかっていたのだが、こうして改めて実際に目のあたりにすると、驚きを通り越して感心してしまう。半球状の家、狩猟のための道具、仕掛け網、矢に塗る毒、楽器、とそれこそ何でもつくる。しかも材料はすべて森という倉庫からの現地調達だ。現代ではムブティも男はシャツにズボン、女はプリント生地を身にまとっている者が多いけど、以前（といってもたかだか二十年ほど昔の話だが）には木の皮を叩いて伸ばしたものを衣服として腰に巻いていた。

さらに、特別に職人が決まっているわけでもなく、ほぼ全員が何でもつくることができるのである。この「全員が」という点がわたしたちの社会とは決定的に異なる。

わたしたちの社会では、「手づくり」とうたわれたモノさえ、やがては商標化され、規格化・大量生産化されていく宿命にある。以前旅先のどこかの博物館で出土年代別に並べられた土器を見て、時代による様式のあまりのちがいにひどく驚いたことがあった。縄文式の土器には模様もデザインも非常にのびのびして大胆でダイナミックなものを感じたが、それが弥生式になるとまとまりが見られはじめ、奈良時代ぐらいのものになるとかなり規格的な印象を受けた。時代を経るごとに、あきらかに分業化と専門化が進んでいったのが見てとれる。

ある時代からは、土器をつくる人、家を建てる人、農業の人、と分業化が進んでいったのである。しかも大量生産化によってひとりの人間がたくさん量をこなさなくてはならなくなり、結果として画一化は避けられなくなる。そして現代に至っては、わたしたちの多くは、基本的にお金がなければ必要なモノを手に入れることができない。

ところが目をムブティに転じてみれば、生活にかかわるものなら、成人ならばすべて自分自身の手でつくることができるようであった。ムブティの子どもと大人の最大の相違点はここにある。それ以外にも、森に生息する動物や植物について、どれが利用できるものか、毒があるのか否かなどを、大人ならば瞬時に正確に判断する経験と知識が求められる。

「食べる」ことを中心にまわる生活

仕事という点から見てみると、男女間の分業は非常にはっきりしており、男はとにかく狩猟そのものにかかわる仕事全般、女はそれ以外の日々の仕事、と大まかに分けることができるだろう。女の具体的な仕事とは、植物性食物の採集、獲物の運搬、家づくり、子どもの世話、食事のしたく、水汲み、薪運び、といったところだろうか。そのほか、暇を見つけての籠編みや、仕掛け網猟に使う細ひもの製作などがあげられる。

先進国の女性にいわせれば、不平等だ、女の負担が大きすぎる、男は遊んでばかりいる、女が男に従属的だ、ということになるだろうか。そのとおりかもしれないし、そうでないかもしれない。わたしにはわからない。ただ少なくともいえることは、狩猟採集民の暮らしでは、男女は分業がはっきりしているほうが生活は何かとうまくいくような気がするということである。

男でもその日の獲物が少なかったときには、籠を担いでちょっとお使いにでも出かけてくるといった感じで、一時間ほど森へ入ることもある。そしてたいていキノコなどを採集してくる。また男たちは、村で手に入れた釣り針を使って、イトゥリ川で釣り糸を垂れるのも好きだ。

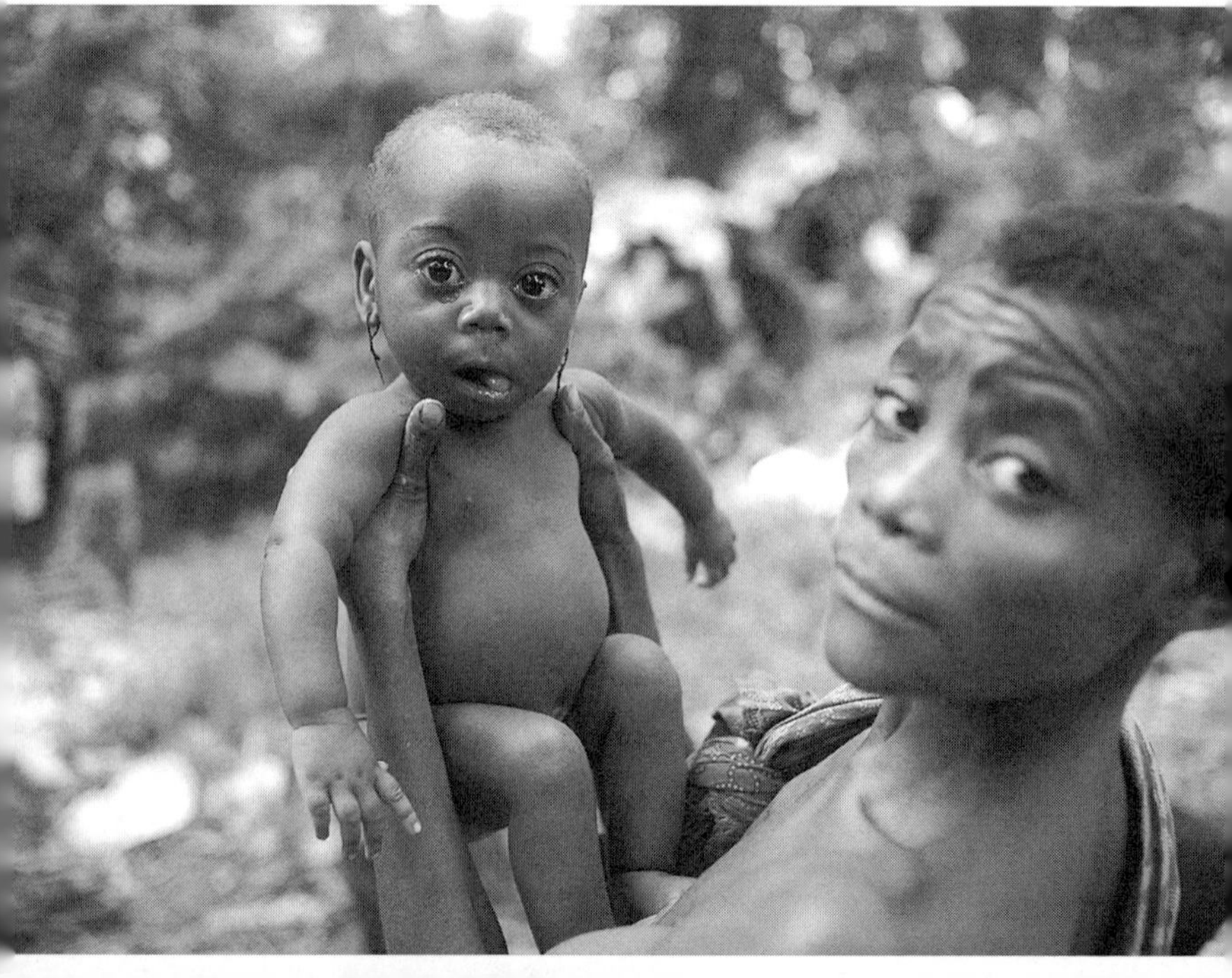

（上）キャッサバの皮をむいて料理する母親と子ども。
（下）狩猟キャンプで赤ん坊をあやす母親。

わたしもイトゥリ川で何度か釣りを楽しんだが、釣れた十匹ほどの魚がすべて異なる種類だったのには感動した。それだけ生態系が豊かであることを示しているからである。ナマズの仲間が多かった。小さな森のなかの水たまりなどでは、女たちは手づかみで魚を捕ることもある。またすでに述べたように地面の穴を掘り起こして陸ガメを捕まえることもしばしばだったし、季節によってはウロンゴと呼ばれる羽アリや、甲虫類の幼虫なども手軽に採集できる食べものとなる。

ムブティの森のなかでの生活サイクルは、「食べる」という人間のもっとも大きな本能にそってまわっているのに気がつく。かれらの関心そのものと言い換えてもよいだろう。しかしそのあたりの本質は意外とわたしたちの社会と同じなのかもしれない。日本でも特にトレンドを追いかける雑誌では、編集上の大きな柱のひとつにこの「食べる」ということが置かれており、やれどこのフランス料理がうまいとか、行列ができるといった類の話題が常に誌面をにぎわせているのはご承知のとおりである。「文明化」がいかに進もうと、人間が「食べる」ことから解放されることはないのかもしれない。

それはまあ余談だが、ムブティたちの行動、特に「食べる」ことに関して、どの人からもがつがつした印象を受けないのは意外であった。実をいえば、この点、わたしはたいへん誤解していた。ムブティに会いに行く前、自分の内部で狩猟採集民というイメージが勝手にどんどん膨らんでいった時期があったのだが、それは槍を携えて必死の形相で獲物を追うというものであった。常に食うや食わずでいるから、狂暴な性格で、いらいらし、食べものに対する執着がものすごい、そんなイメージだったのである。

しかし実際に会ってみると、まるで正反対だったのである。むしろ定住化によって生活が安定してい

小さな沢で手づかみで採集された魚。
葉っぱごと蒸し焼きにされる。

るはずの農耕民のほうが、モノに対する執着心はすさまじかった。たとえば、わたしがいつも首から下げているカメラ。ムブティは話をするときまっすぐこちらの目を見つめるのに対し、農耕民の多くは、ビラにせよナンデにせよ、ほとんどの人がカメラに視線がいく。それどころか唐突に触ってきたり、いくらなのか聞いてきたりした。

「あの人らはどうしてあんなにお金が好きなのかのう。あたしは腹いっぱい食べられて、マッカリかムソンゴでもやれれば、それで十分なのだが」

とパクトゥンジャがぽつりと漏らした言葉が忘れられない。

モノを所有すれば所有するほど、それで満足することなくさらにモノが欲しくなる。その傾向は、農耕による定住化、そして結果としての（目的としての）富の蓄積・集中という「発展」の段階をたどると、当然の帰結なのかもしれない。富の蓄積が膨らんでいくほど文明は進んだといわれるが、しかし裏を返せばそれは単にその社会がモノであふれかえっただけのことであって、人間の中身が進歩したことを意味するのではない。

狩猟採集民と農耕民との間には、単なる生業のちがいを超えたとてつもなく大きな溝が横たわっているのではないかとわたしが感じるのは、つまりそのようなことなのである。ただ注意していただきたいのは、現代に生きる狩猟採集民もまた心の中では農耕民と同じような富を欲している部分があるということだ。だから、どちらがより精神性として優れているか劣っているかということをわたしは述べているわけではない。

オープンな人間関係が、争いの芽を摘む

暗くなると仕事は続けられないから、男たちは再び集会所《テーレ》に集まってくる。最大の娯楽は、おしゃべりだ。毎日狩りに出かけ、網を修繕し、食べて、寝て、のいっけん単調な暮らしに見えてしまうが、よくもまあこんなに話題が尽きないものだと思うほど、テーレはにぎやかである。

盛り上がっていると、周囲の家にいる人から合いの手が入ることもよくある。そして、とにかくよく笑う。ガハハといった豪放な笑いではなく、くすくすという少し恥ずかしそうな笑い。

わたしとパクトゥンジャは居候の身だから、いただいた食材や持ち込んだ米や豆で簡単な料理をつくる。できあがった食事はテーレでたむろしている男たちと一緒に食べるが、そうしているうちにまわりの家庭から次々と食事が届けられる。ペビコのキャンプには、アコパウおじさんの他にも、若いふたりの独身男がいたが、こうしてテーレに次々と食事が運ばれてくるので食べ損ねることはなかった。いってみれば、わたしとパクトゥンジャを含めて、ムブティのおばさんたちに養ってもらっているようなものだった。

独身男たちはテーレの周辺で寝泊りする。各自が所有している仕掛け網の束を地面に敷くと、即席のベッドになった。昼寝させてもらったことがあるが、なかなか寝心地はよい。家がある者は家へ帰って寝るが、やはり地面に網の束を敷いて寝るので、野宿とそう変わるところはない。

女がテーレで夜を過ごすことはほとんどない。それぞれの家の前に据えられた炉のそばで火の番をしながら、子どもたちと静かな時間を過ごしている。昼間はあちこちと走りまわって遊んでいた子どもたちは、この時間はおとなしく母親のそばで座っている。母親と一緒に何か歌っているときも多く、その小さくてかわいらしい歌声が聞こえてくるたびに、わたしは胸のあたりがじんわりと温かいもので満たされていくのを感じた。

夜も更けると、男たちはそれぞれの家へ散っていく。早々と家のなかへ入って寝る家族もあれば、男がいつまでもリケンベという弦楽器を奏でているときもある。夜中まで、話し声が聞こえてくる家もある。

ムブティの社会では、プライバシーというものはまったくといってよいほど存在しない。だいたい家の入り口には戸がないし、外壁はマングングの葉で葺いてあるだけだから、話し声や物音はすべて筒抜けなのである。このような社会では、個人や家族が、謀略や秘密を抱えることなど不可能だろう。もっとも、他人を出し抜く必要のないかれらの社会では、秘密を抱える意味はあまりないのかもしれない。かれらと共に過ごした数か月間のなかで、ケンカや争いごとは、アントニオが主宰するカドドのキャンプでたった一度だけあったが、狩猟キャンプに移ってからは（あとで述べる夫婦ゲンカを除いて）とうとう起きることはなかった。平和主義者のムブティは、バンド内の人々の関係をオープンにすることによって、争いの種をあらかじめ摘むのではないかと推測された。

意識してのことかどうかはわからないが、とにかくバンドの維持にもっともたいせつな人間関係に、細心の注意を払っているようにみえる。話し声がすべて筒抜けになるほど開放的な環境に身を置くことが、人々に芽生える恨みや妬みといった感情を規制し抑制する効果を生んでいるのではないだろうか。

一度だけマンギーナのキャンプで、何が原因かはわからなかったが、夫婦で言い争いがあった。このときは奥さんが一方的に感情をあらわにして、ときにはすすり泣きながら声高にしゃべっていたのだが、

あれもむしろまわりの人たちに状況をオープンにする意味があったのだろう。わたしを含めて全員がじっと息をひそめて彼女の言い分に耳を傾けているのがはっきりとわかった。

わたしたちの社会では、「家族」というものをさすときには、自分の妻（夫）と子ども、それにせいぜい両親が含まれるぐらいである。兄弟姉妹でも結婚して別々の家に入ってしまえば、もはや家族とは呼ばれないことがふつうである。

しかしムブティのバンドに身を置いていると、家族というのはもっともっと広い意味で使われるのではないかと感じることがしばしばだった。いってみれば、ひとつのバンド全体がひとつの家であり、家族であるともいえる。

子どもの育て方にもそれは表われているようだった。日本では地域の共同体が崩壊して、子どもを叱る近所の大人がいなくなってしまった、とはよくいわれることである。ムブティの「家」ではありえないことだ。

狩猟に出かけるとき、まだ小さくて足手まといになる子どもたちはキャンプで留守番となるのだが、大人の男が必ずひとりは残って子どもたちを見守ることになっている。あるとき、わたしと遊んでいた子どもたちが数人、植物の撮影に出かけるわたしの後をついて森へ入りかけたことがあったが、それまでテーレでタバコを吸っていた男に見つかり、こっぴどく叱られたことがあった。森は恵みをもたらしてくれる存在である反面、危険に満ちた空間でもある。子どもだけで森へ入るのはきつく戒められているのだった。

そうかと思えば、テーレで休んでいる男の膝の上に乗っかって遊んだり、網を修繕する大人のそばを登りをして遊ぶ男の子たち。その経験がそのまま大人になったときに生きてくる。

離れずに仕事を眺めている子どもたちの姿によく出会った。子どもに太鼓の叩き方を教えている若い男もいたし、獲物の解体を指示している者もいた。かれらは必ずしも親やきょうだいとはかぎらず、バンドの子どもはバンドの大人全体で面倒を見る、という雰囲気があった。

「遊び」が大人になるための訓練

子どもの本分は遊びにある。それはすべての子どもに当てはまることだとは思うが、狩猟採集民の子どもの場合は特に、遊びをとおして生き抜くための知恵や技術を学んでいくようなところがある。男の子の場合は、木登り、自作のおもちゃの弓矢での遊び、かけっこ、石投げなどがその筆頭だろうか。女の子は、木の実を使ったゲームや、あやとり、化粧ごっこ、わらべ歌やママゴトなどに興ずることが多い。男女の遊び方が小さいころからちがうのは、やはり意味のあることで、ムブティの社会で大人になってから役割分担がはっきりしてくることに関連しているといえる。

弓矢での遊びは、自分でミニチュアを製作することもあれば、大人が使っている実物を拝借して実射することもある。そのようなとき、近くでは必ず大人の目が光っている。弓矢はたしかに危険な道具ではあるけれど、どこかの国のようにそれを危ないといって子どもから取り上げていたら、弓矢の何が危険なのか、誤って人を撃ってしまったらどういうことになるのか、といったことを何ひとつ学ばないうちに大人になってしまう。狩猟採集民の暮らしでは、弓矢を的確に扱えることが生きていくための必要条件だから、大人の役割は子どもがそれを使って遊ぶのをむしろ注意深く見守ってやることなのである。

仕掛け罠のおもちゃは男の子たちの最高傑作といえるだろう。大人はボロクなどの獲物を捕りに毎日、

（上）大人の弓矢を借りて実射する男の子。
バンドに獲物をもたらす日も近い。
（下）子どもたちの代表的遊び、かけっこ。
女の子は頭に花を飾っている。

森のなかへ狩猟に出かけるが、その合間にも住居の近くで、木の枝のしなりを利用して器用に仕掛け罠をつくり、アベケと呼ばれるトガリネズミなどの小動物も捕るのである。子どもたちはそれを真似て、本物の五分の一ぐらいの小さな仕掛け罠を製作する。仕掛け自体はなかなか精巧にできていて、手を差し込んでみると実際に木の枝のバネがぴしゃりと跳ねる。悪ガキたちが数人、夢中になって罠をセットしたり、網の切れ端で仕掛けをつくったりしている姿は、いかにも狩猟採集民らしくてたくましく見える。

少年はときおり実際に狩猟に同行することもある。マポリという名の十歳ぐらいの少年がよく大人に混じってついてきた。かれが張る網は、素人のわたしが見てもはっきりわかるほどあまり上手とはいえず、いつもだらんとした隙の多い張り方だった。そして実際に獲物が跳び越えて逃げてしまったことがあった。

たまたま近くにいたパクトゥンジャがそのとき、網を実際に示しながら、意外なほど真剣な面持ちでアドバイスを与えていた。パクトゥンジャは他のバンドの人間だが、仕掛け網の張り方の上手下手はいわばムブティのアイデンティティにかかわる問題なので、いつになく真剣だったのだろう。

子どもは親ひとりが育てるのではなく、取り巻く社会が育てるのである。ムブティの大人と子どもの関係を眺めていると、そのことを強く感じた。

狩猟採集民の少年は、遊びのなかで自然と大人になるための訓練を受ける。そして大人になったら狩猟に出かけ、家族や社会を支える。人間は十八歳や二十歳に達したからといってある日突然自動的に大人になれるわけなどなくて、大人のすることを少しずつ覚えながら育っていくものなのだ。

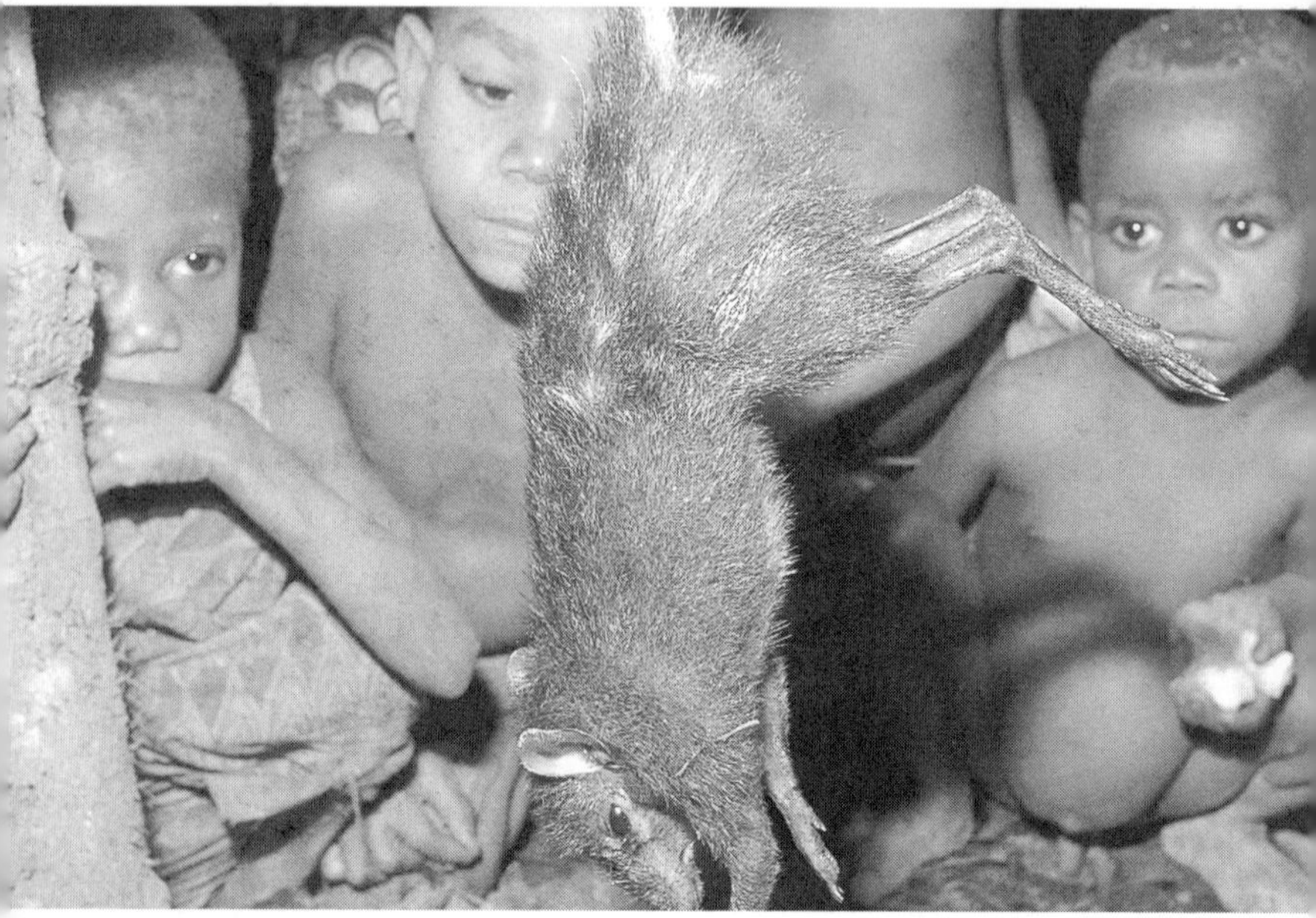

捕獲したトガリネズミを興味津々の面持ちで見つめる子どもたち。

ひときわ大型のクーファが捕れたとき、キャンプに戻ってからパクトゥンジャが男の子を召集したことがあった。かれはクーファの死体を広場の中央に置くと、集まった少年たちにそれを跳び越すように指示した。少年たちは次々に跳んでいったが、そのときなぜか「にゃーっ」と声を出すのがおかしかった。

「これは、おまじないか何かなのか、パクトゥンジャ？」

勢いをつけて走ってくる少年の姿を目に留めながら、わたしはたずねた。

「そのとおり。クーファの強さを子どもたちにも分けてもらおうと思ってな。そうだ、オサムもやったほうがいい。エクマが突進してきたとき、逃げ出したのだからな」

パクトゥンジャはにやりと笑いながらそう答えた。わたしはエクマ（モリオオイノシシ）の一件があって以来、何かと話題にされている。

少年たちは跳び終えて、期待の目でわたしのほうを見ている。恥ずかしかったが、仕方がないのでわたしも跳んで「にゃーっ」とやった。

強い男は不自由しないだけの獲物をバンドにもたらしてくれる。わたしたちの社会で親が自分の子どもには安定した職業に就いてもらいたいと願っているのと同じ理由で、ムブティの大人は少年が強い狩人になってくれることを望んでいる。ただわたしたちとムブティとで異なるのは、わたしたちの社会では多くの親が自分の子どもだけが強く育ってくれることを望んでいる点であろう。

女の子の行動は、男の子とはずいぶんとちがう。女の子は母親と行動を共にしている時間がたいへん長い。水汲みや薪拾いにはよくついて行っているし、炉の前で食事の支度をするときにはたいてい手伝

（上）女の子は母を手伝うことにより、将来の母親としての素養を身につけていく。
（右）狩猟に同行する少年もまた森の一部を成している。

木の実を使ったお手玉遊びに夢中の子どもたち。

っている。小さいころから手伝っているので、七、八歳くらいになると、女の子たちだけでも水汲みなどに行けるようになる。

娘は母親に似るとはわたしたちの世界でもよくいわれることだが、ムブティの女はとにかく一日じゅう家事にかかわっているので、娘たちも同じようによく働いている。男の子がよく遊んでいるのに比べて、その差は際立っている。ただし前述したように、男の子は遊びをとおして狩猟採集民としてのトレーニングを受けるので、実際的な労働についていないように思えてしまうだけなのだが。

日常の仕事という点では女の子は忙しいのだが、その合間を縫って集まって遊ぶ姿も意外に見かけた。ゴルフボールほどの大きさの木の実を並べて、歌いながら互いに木の実をやりとりするさまは、お手玉遊びそっくりだ。

♪　ボロク・モジャ……カマタ・クレ　♪
(ボロクが一頭、向こうで捕れたよ)
♪　ランランラララ、ランランラララ　♪
♪　ボロク・ビリ……カマタ・クレ　♪
(ボロクが二頭、向こうで捕れたよ)
♪　ランランラララ、ランランラララ　♪

この歌は、狩猟採集民らしい歌だが、木の実をやりとりする姿を眺めていると、かつて自分が小さか

（p.214）日本のわらべ歌遊びに似た女の子たちの遊戯。
（p.215）網の切れ端を使ってのあやとり遊びもよく目にする。
（p.217）母親に消し炭で彩色してもらった女の子はどこか誇らしげだった。

ったころの近所の女の子たちの遊ぶ姿にだぶってしまう。

わらべ歌そっくりなのもあって、「とぉーりゃんせ、とぉーりゃんせ」と瓜ふたつの動きで、手をかざしたトンネルをくぐったりしている。また網の切れ端を使っての、あやとり遊びもよく行なわれている。子どもの遊びというのは世界じゅうでかなり似通っているものらしい。

化粧《エベンベ》は女の子ならではだ。炭に水を混ぜたものを、指の腹を使って互いの顔に塗っていく。ときにはそこへサルの血を混ぜて、赤黒い色を出すこともあった。

ふつうは大人の女同士で化粧しあうが、母親が娘に施すこともあり、そんなときは女の子は得意でしょうがないといった表情を見せた。女の子はある年齢になると成女式《エレマ》が行なわれるということだが、残念ながらわたしの滞在中には目にすることはできなかった。

森の中を循環する生命

森のキャンプで獲物の解体がはじまると、男の子も女の子も興味津々といった感じで集まってくる。ボロク程度の比較的小型の獲物だったら、解体を七、八歳の男の子に任せることもある。これがまた大人がやるとおりに、腹部から下肢へと、器用にナイフを走らせるのだ。そうでなくとも子どもたちが、解体した動物の頭を運んだり、肢を引っ張って切りやすくしたり、解体を手伝うことはどちらかというと当たり前の行為である。

ムブティの子どもが日本や他の先進国の子どもと決定的にちがうのは、ムブティはこうして生まれたときから動物の死体と毎日のように接しながら暮らしていることかもしれない。だから、動物の死体と、

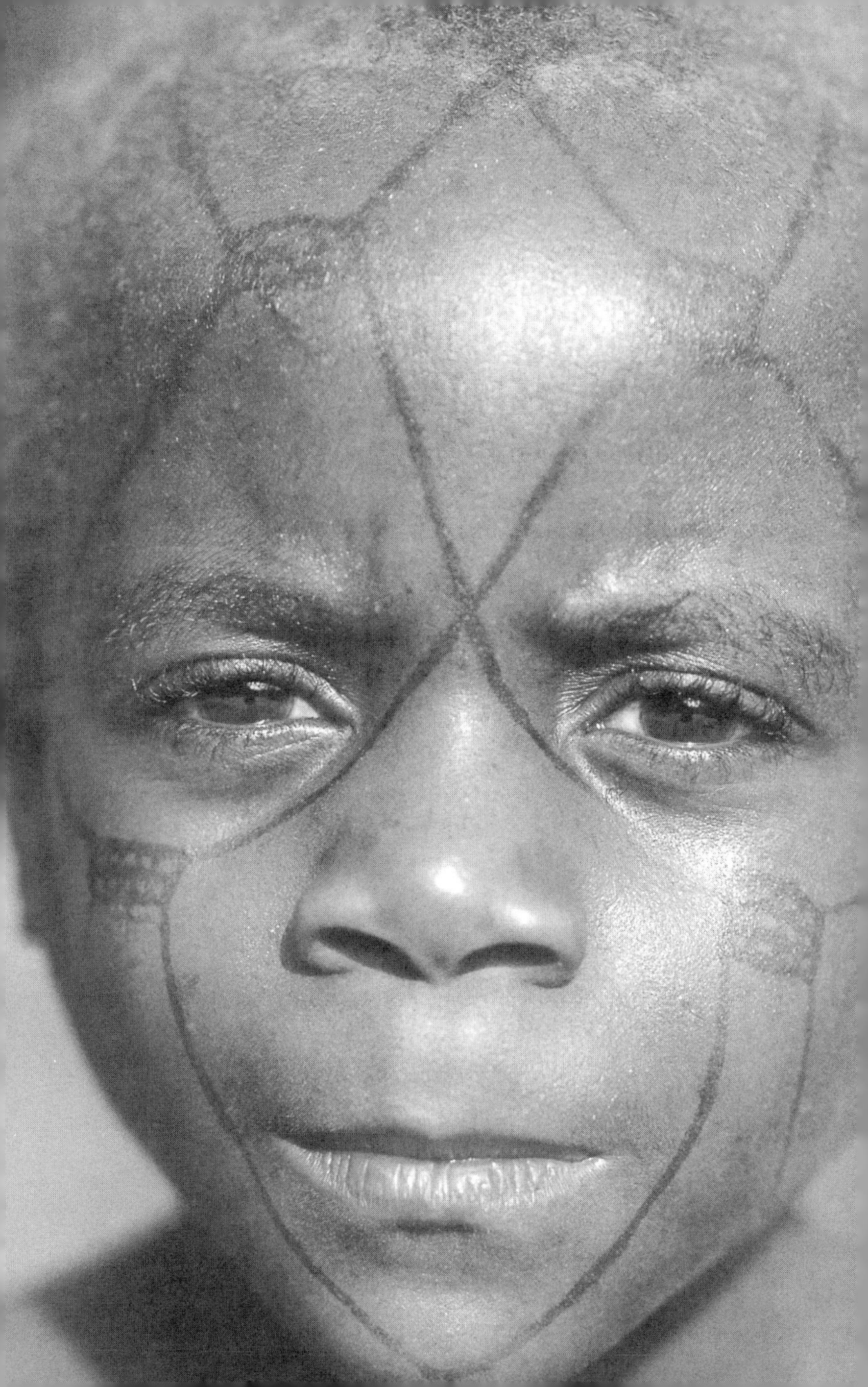

獲物の解体には子どももよく参加している
切り離した頭部を運ぶ女の子

日々の食べものが、直接的に密に結びついている。このことは、死生観の形成に非常に大きな意味をもってくるのではないかと思うのだが、どうだろうか。

日本の子どもは、スーパーで売られている白いトレイにパックされた魚や肉が「食べもの」と思っているだろう。あるいはマクドナルドのハンバーガーの中身が「牛肉」であるという知識はあるだろうが、それがモォーッと鳴く牛と結びついているだろうか。少し前まで生きていた動物や魚が、自分の口に入るときには死んでいるという感覚があるだろうか。

牛や豚の屠殺は専門職の人によって、ふだんは一般の人の目に触れない場所で隠すように行なわれている。日々膨大な量の肉が食べられているのに、牛や豚が肉になる過程を目にする人は驚くほど少ない。わたしたちは商品になった肉片を見るだけである。

人間が他の動物を殺して食べて、そのおかげで自分が生きている、という実感を得ることはこの国ではとてもむずかしい。生きている動物の姿と、食べものである肉は、まるで別物であるかのような錯覚を抱きながら、忙しい毎日を暮らしているのである。

人間自身の死についても同じようなことがいえる。火葬場はたいてい街外れか山のなかにつくられているから、親族が亡くなったとき以外は、人間を焼くときに出る煙や臭いを感じる経験はあまりできない。

日本を含む先進国では、死体や、死そのものが、まるで汚いものであるかのように、なるべく人目につかない場所に隠蔽され封印されてしまっている。そして人々の日常の意識に死の影がちらつくことのないようにうまくコントロールされてしまっている。なぜなら、死を常に意識する社会が当然抱えてし留めた獲物は何ひとつ無駄にされずにきれいに食べられる。

まう、未知や不可視のものへの想像力にみちた、淫靡で甘美な匂いのする世界は、効率をすべてにおいて優先しなくてはならない社会では邪魔者以外のなにものでもないからだ。

戦中派の方なら、飼っていたニワトリを絞めたことのある経験がおありだろう。わたしも子どものころには、バッタやトカゲ、カエルといった昆虫・小動物を、いま思い出すとずいぶん残酷な方法で殺したものだったが、その直後は罪悪感というか、なんとも気分が重くなったものだった。きっといまカエルを殺せといわれても、できないと思う。あのときの罪悪感という感情は、生涯の死生観を形づくるうえでもしかすると非常に重要なファクターだったのかもしれない。

子どものときから死を日常的に見つめながら生きてきたか、そうでなかったか。両者の差異は、たとえば極端な話かもしれないが、「人を殺すという経験をしてみたかった」（二〇〇〇年五月、愛知県豊川市で殺人を犯した十七歳の少年の「動機」）とさらりといってのける少年が現実に日本の社会に存在することをみても、もはや埋めることができないほど深遠な溝となって横たわっているように思う。「死ぬ」ということがどのようなことなのか知らずして、「生きる」意味や、他者を「殺す」ことの意味が、わかるはずがない。

ムブティの子どもは日常的に死と接しながら生きている。獲物の解体といえば聞こえはよいが、早い話、動物を殺害して死体をばらばらに切り刻む行為である。ただそれが「食べる」「生きる」という行為と直結している。イトゥリの森では、労働（＝狩猟）と食べること、死ぬことと生きることが、みごとなまでにつながっているのである。

人間が動物を殺して食べる。その動物は他の動物や昆虫、植物を食べる。植物は地中の有機質が微生

物によって分解された元素を吸い上げ、同時に太陽光と水を取り入れて生長する。生命と物質はこうして森の中を循環している。つまり、人間のからだを構成している物質は、もとをただせば太陽であり、水であり、他の生きものでもあるのだ。自分はすなわち他者そのものであり、他者は自分そのものなのである。このような感覚が育まれているかぎり、人はむやみやたらに他の生命を傷つけることなどできないはずである。

「死」が身近にあるから、「生」が輝く社会

死ということに関して、そういえばマンギーナの狩猟キャンプに滞在中、こんなことがあった。ある朝、集会所《テーレ》で貴重品の紅茶をゆっくり沸かしていると、見知らぬ若い男がふたり森のなかから突然現れた。そして、わたしと話をしていた長老格のシンギに何ごとかを告げていた。

すると間髪をおかずに、周囲の家から女たちのすすり泣きがいっせいに漏れてきた。キャンプではすべての物音は筒抜けなのである。男たちが伝えに来たのは、別のバンドの女が、つい今しがた亡くなったという知らせだった。

すすり泣きはやがて号泣に変わり、早朝からキャンプは重苦しい雰囲気に包まれた。女たちは調理の手を休め、炉の前で座り込んだまま大粒の涙をぽろぽろ流している。男連中も涙こそ流していないものの、みな首をうなだれてしんみりしている。

「かわいそうじゃのう、あの女には子どもが宿っていたはず……」

とシンギがつぶやくと、パクトゥンジャの目にも大粒の涙が光った。

何人かの男が、お悔やみに出かけてくる、とわたしから香典代を借りていった。それでムソンゴを買うのだという。

　研究者の話では、ムブティは墓をつくらず、亡骸は長老の手によって森の奥深くへ運ばれて埋葬されるのだという。死者がよみがえることを怖れているからだともいわれる。もっとも墓をつくらない民族や地域は世界じゅうにたくさんある。インドのヒンドゥ教徒は火葬の後、遺骨を川に流すし、チベット人のなかには鳥葬の習慣を守っている人も多い。

　死者は、人間が立ち入ることのできない世界に存在している。だから命の誕生も神秘なら、死もまた神秘であるべきである。生と死は本来、切り離されて考えるべきものではなくて、実は同じ意味をもっているはずだ。ムブティの世界では、死は身近なものであり、だからこそその裏返しとしての生が力づよく輝いているように見えた。

　解体された獲物は分配され、バンドの成員へ公平に行きわたるようになっていることはすでに述べた。肉などは燻製にして農耕民との交易品にまわされる場合も最近では多いようだが、交易で得たバナナやキャッサバなどの栽培食物は、バンドに持ち帰られるとやはり分配されるので、食べものをたくさん受け取る者とそうでない者が分かれてしまうようなことは結局ありえない。

　ボロクにしてもトガリネズミにしても皮は剝がずに、炉の上に直接置くことによって毛が焼かれ、丸裸にされる。こうすると皮の下に貯えられている脂肪も余すことなく食べられるからだ。内臓は胆囊以外すべて、マングングの葉に包んで蒸し焼きにして食べられる。メスのボロクの子宮内に胎児が入っていたこともあったが、これはマポリ少年が焼いて食べた。

肉は焼くこともあれば、鍋で煮ることもある。調味料としては塩と唐辛子、ヤシ油ぐらいで、何もつけずに素材だけの味で食べることも多い。骨もかち割って、なかの髄をちゅるりと吸いだして食べる。胃と腸の未消化の内容物は搾りだして捨てるが、これは犬の餌になる。

見ていると、とにかく食べられる部分はすべて人間が食べるようで、犬にまで食事がまわることはほとんどないといってよい。どのバンドでも狩猟の勢子用に犬を数匹飼っているけれど、満足に餌を与えられているシーンは一度も目にしなかった。そのせいだろう、どの犬もたいへん痩せていた。

犬はいつも集会所《テーレ》の周辺でごろごろしており、人間が捨てた食べかすをおもに食べているようである。骨などはそのままガリガリと噛んで飲み込んでしまう。だからバナナやイモの切れ端はいうにおよばず、陸ガメの甲羅に付いている煮汁も未練がましくペロペロ嘗めていた。捨てたタバコのフィルターまで食べてしまう。確認できなかったが、人間の排泄物もおそらく食べているのだろう。

「ウス、ウス！　トカ、トカ！（そら、あっちに行け）」

と、人間の近くに寄ってきた犬は絶えず足蹴にされていたが、それでも森のなかでは人間と一緒のほうが安心なのだろう。日本の愛犬家からしてみれば信じられないほどの悪い境遇かもしれない。犬は人間のもっとも古い家畜だとか友人だとかいわれているが、おそらく昔は、人間と犬との関係というのはこのようなものだったと思われる。

何ものにも代えがたい幸福な時間

狩猟から戻り、食事がすんで腹がくちくなったあと、漆黒の森の闇にぼぅと浮かび上がる火を見つめ

ながらその日の出来事などを話し合っているときが、一日のなかでいちばん幸福を感じた時間であった。他に何もいらないと感じさせるほど、充実してゆったりした時間だった。

テーレの周囲をぐるりと取り囲む家々からは、女や子どもたちの、うふふふ、という静かな笑い声が絶えず聞こえてきた。長老のアウセから、ゾウ狩りの話を聞いたのも、そんな時間だった。

「今ではもうめっきり見かけなくなってしまったが……」

とアウセが話しはじめると、それまでテーレで談笑していた男連中が急に静まり返り、家々の人たちも耳をそばだてた。

「あんた、ゾウを近くで見たことあるかな。あいつはな、そこらの村の立派な家よりもうんと大きいのだ。あたしが槍一本で近づいていったときには、そりゃあ足がガクガク震えたものさ……」

アウセは立ち上がると、中腰になって槍を構える格好をしてみせた。キャンプの人は真剣な面持ちでかれの動作を注視している。

聞くところによると、昔はこのへんでも森林に住むアフリカゾウが生息していたらしい。ただし現在では、環境の変化などで、イトゥリの森のかなり北のほうまで行かないといないという。パクトゥンジャもやはり若いころにゾウを仕留めた経験があるといってたが、現在の若い世代には見たこともない人が多いという。持参していた『森の狩猟民』にゾウの写真が載っているので、ページを開いて見せると、若者たちは食い入るようにのぞきこんでいた。

なんでもゾウをだれかが仕留めたら、女や子どもを含めてバンドの構成員すべてがその現場へ急行し、肉を食いつくすまで何週間でもそこに居続けるのだという。

「こうやってな、そーっと近づいたら、やつのどてっ腹へもぐりこんで、下から渾身の力を込めて槍を突き上げるんだ。そう、こうやってな」

アウセは槍を突き上げる動作をして見せた。少年たちは闇のなかにゾウの幻影を見ているのだろう、目をまん丸くしてかれの話に聞き入っている。日本の動物園で見るかぎりではゾウはやさしそうな動物に思えるが、実際の自然のなかで生きる野生のアフリカゾウはたいへん狂暴で荒々しい。

厚い皮下脂肪に守られたゾウは槍の一撃で死ぬことはないが、森のなかを暴れまわるうちに、槍が木の幹や蔓に引っ掛かって内臓がずたずたに切れてしまうのだそうだ。そして逃げまわって数日後に絶命するという。

アウセの話に感心して聞き入っていると、マポリ少年と目が合った。

森の狩猟キャンプは、マポリ少年のような男の子にとって、キャンプそのものが学校みたいなものだろう。かれにもいつかは長老アウセのように、アフリカゾウに槍を突き刺して倒す日が訪れるのだろうか。

それとも……。

9　共存への道

ムブティとの初めての邂逅

わたしが初めてムブティに会ったのは、一九九五年の一月のことである。当時わたしは写真家になる道を模索しながら、二年半にわたってアフリカ全域を旅行している最中だった。ルワンダで内戦が起こり、民族皆殺し《ジェノサイド》から逃れた難民が数百万人規模で隣国コンゴに流れこんだ、そのような時期だった。日本の自衛隊がＰＫＯ法（国際平和協力法）によって派遣され駐留していたゴマの街から北上し、ベニ、ブニアという小さな村からイトゥリの森を抜け、コンゴ川畔の都市キサンガニをめざしていた。途中には、二十世紀に入ってから発見された最大の哺乳動物と有名になったオカピを保護しているエプルーの村もある。

イトゥリの森の中央に拓かれた唯一の道路を、わたしは西へ西へと向かっていた。道路の状態がたいへん悪いと人づてに聞いてはいたのだが、まさかこれほどとは思っていなかった。雨季でもないのに道は粘土状にぬるぬるしていて、ところどころ深さ五メートルもの大穴が開いている。そこには赤茶けた泥水が溜まっていた。

　ウガンダ方面からの干魚や乾燥キャッサバを運搬する大型トラックが日に一便ぐらいあり、交渉して荷台の上に有料で乗せてもらい旅を続けていた。積載量の上限はとっくに超えるほどの積荷があり、その上にはわたし以外にも常に十人ほどの現地の人が乗り込んでいた。

　泥水が溜まっている場所に来ると、まずその水を掻い出して、乾いた土を盛ったり、木の枝を束ねて敷いたりして、はじめて通行可能となる。もし車輪が泥にとられてはまってしまうと、最低半日はそこから脱出できなかった。ほんの数キロ進むのに、まるまる一日かかることもあった。

　食料としてあらかじめビスケットとパンを用意していたが、トラックの進み具合は右のとおりだから予定よりはるかに時間がかかり、じきに食べ尽くしてしまった。同乗の人に炊いた米を食べさせてもらいながらなんとかしのいでいたが、腹が減ってもう死にそうだった。

　街道に沿ってときどき小さな集落が現れる。コンゴ東部には砂金が出るので、採掘のために移り住んできた人や、森を切り拓いて暮らす農耕民の集落である。

　トラックが村で停車したとき、何か食べものを購入しようと、一軒一軒たずねてまわった。しかし、なぜか返事はいつも決まっていた。

「ハイコ（ないよ）」

「ハイコ（ないよ）」

　どの人も「ハイコ」である。きれいに箒で掃き清められた民家の庭の片隅にはたいてい熟れたパパイヤがたわわになっている木が見えたが、それでも「ハイコ」なのである。

たくさんあるじゃないか、このケチ！　とさんざん悪態をついたことと思う。しかしとにかくこの空腹だけはなんとかしたかった。断られても断られても、わたしは辛抱強く家を訪ね歩いた。

ある家でもやはり「ハイコ」と断られたとき、庭でじっと事の成りゆきを見守っている小柄な男がいた。その男はわたしに「待て」とジェスチャーで示すと、踵を返して全速力で家の裏に広がる森へ消えていった。

しばらくするとその男は、両手に抱えきれないほどのパパイヤをもって戻ってきた。そして全部差しだすではないか。空腹なわたしは、ありがとうというのが精いっぱいで、トラックに戻るとパパイヤを貪り食った。乗客のひとりが、あの人はピグミーだよ、あんた知り合いなのか、といった。そういわれれば、かれはずいぶん小柄だったし、顔やからだのつくりがこのあたりの農耕民とはずいぶんちがっていた。そうか、かれがピグミーと呼ばれている人なのか……。

そのような出会いがあったものだから、自分の内部ではピグミーすなわちムブティが無条件に「いいやつ」であるというイメージがふくれあがってしまった。そんなわけだから、読者のなかには、農耕民よりもムブティに肩入れする部分が多いという印象をもたれる人が多いと思う。

農耕民との接触

これまでは狩猟採集民ムブティの暮らしぶりを書いてきたが、イトゥリの森には街道沿いを中心に農耕民もたくさん住んでいる。かれらはどのような人たちなのだろうか。

パクトゥンジャに連れられて初めて森の狩猟キャンプに入ったとき、そのマンギーナ・キャンプにはあきらかにムブティと毛色のちがう長身の女がふたり住み着いていた。どのような人たちかと気になったのだが、わたしもまだ新入りの身で、とにかくキャンプに溶け込むのが先決だから、たずねるのは遠慮していた。しかし、翌日にはその女たちの素性はすぐあきらかになった。

狩猟から戻ってきて獲物の解体がはじまると、女のひとりが近づいてきて何ごとか相談している。するとボロクを解体していたンドロンビが大きな声を出した。

「もっと米《ムチェレ》をくれたらな！」

ンドロンビを見下ろすほど背の高いその女も負けずに応酬した。

「ええ、ええ、あんたもたくさん肉《ニャマ》をくれたらね！」

ムブティの若者が何人かンドロンビに加勢し、獲物をめぐって丁々とやりあっている。かといって、かれらのやりとりはけっして陰険なものではなく、むしろじゃれあっているような感じだった。小学生がケンカして互いにアッカンベーとやっているときの表情や物腰を想像していただきたい。

「おまえなんかに売るものか、こっちのガイジンさんに高く買ってもらうから」

傍観していたら、いつのまにか矛先《テーレ》がこちらに向けられていた。カネが絡んだ騒動などに巻き込まれるのはまっぴらごめんだ。集会所に退却していたら、パクトゥンジャが呼びに来て、ボロクを買ってやれという。

「ナンデが肉を買いに来とるのだ。ああしてキャンプに寝泊りしながら、ムブティが狩猟から戻ってくるのを待ち構えている」

ふたりの女は農耕民ナンデであった。居候のパクトゥンジャも何かと肩身が狭いのだろう。わたしは肉を買って自分たちの当分の食料に当てることにした。値切って三十五万・新ザイール（約百五十円）でンドロンビから購入した。

他の獲物はどうなるのか見ていると、ナンデは肉をムブティから直接現金で買い上げる方法はとらないようだった。街道沿いの村ならいざ知らず、森の狩猟キャンプでは現金はまったく必要がない。その代わり、米や調理用バナナ《ムチェレンデジ》、キャッサバ、塩といった食料品を持ち込んできており、肉との物物交換の形で支払うようであった。

ナンデは買った肉をここで燻製にして、ある程度まとまると村へもって帰り、市などで売るという。あとで知ったのだが、通常はボロク一頭が二十〜二十五万・新ザイール程度の対価でナンデに買い取られる。ナンデは市で売ったり、街へ運んで転売する。最終的には九十万ぐらいで取り引きされるらしく、ということはざっと四倍ぐらいになるらしかった。悪くない商売である。

ンドロンビがパクトゥンジャを介してわたしに高値で買わせたのは、いつも儲けているナンデにわざと見せつける意味合いもあったようだ。

ムブティの狩猟キャンプにしばらく滞在していると、すぐに気がつくことがある。それは、かれらが想像していたほど肉類や森で採れたものを口にしていないことだ。

たとえば、ある日のメニューは、キャッサバを主食に、ボロクの内臓の煮込み。またあるときは、ンデジ（調理用の青いバナナ）を焼いたものと、キノコのヤシ油炒め。主食はどちらも栽培植物である。

もっとも、時期によっては、採集した蜂蜜だけを食べつづけたり、甲虫類の幼虫ばかり口にするときもあるようだが、少なくともわたしが滞在していた数か月間の間にはそのようなことはなかった。

これはすごく意外だった。なにしろ、狩猟採集民というからには毎日、動物性の食べものを中心としてすべて森から採ってきたものを食べていると思い込んでいたから。

食事のなかでも圧倒的に多かったのが、キャッサバとバナナである。そのまま焼くこともあれば、鍋で煮ることもあった。

このような事実はいったい何を意味しているのだろうか。

ムブティはかつて熱帯アフリカの森林に広範囲に暮らす先住民であったと推定されている。四、五千年前には古代エジプト王朝で「神の踊り子」として伝説のように語られていたらしいことからもそれはうかがえる。

おそらく当時は、森のなかで移動生活を送りながら、動物を狩ったり、木の実や根茎、キノコ類を採集し、幼虫や魚を捕まえて、文字どおり狩猟採集民として生きていたと思われる。それは森からの恵みに全面的に依拠した暮らしだったろう。

しかし現代に生きるムブティは、そのような生活からはもはや脱却している。文字をもたないかれらのことだから、いつからそのような暮らしがはじまったのかは定かではないが、森の外縁部に侵入してきた農耕民との接触が大きな契機になっているだろうことはまちがいないだろう。

人間ならだれしも安定した生活を望むものだと思う。そうした基本的な刷り込まれた欲求が、狩猟採集から農耕へ、さらには近代の賃金労働者へと、人間を駆り立てていった。移動生活よりも定住生活、定期的な確実な収穫、増産と増収、集落から村へそして都市へ、という歴史の流れは、安定を求める人間の希求の結果である。

農耕民がいつごろイトゥリの森へ侵入してきたかについては推測の域を出ないけれども、学説的には約二千年前といわれている。西アフリカ起源のバンツー系民族が、アフリカじゅうに拡散しはじめたのがそのころだからだ。

バンツー系民族とはバンツー諸語を話す人たちの総称で、現在ではサハラ砂漠以南の地域全体に広がって暮らしている。イトゥリの森周辺でも、スワヒリ語、コンゴ語、リンガラ語などを話す人たちがそうだ。かれらがなぜ次々と新天地を求めて移動していったのかは不明だが、定住化によって人口が増えすぎたことが一つの大きな原因であると考えられる。

余談になるが、南アフリカ共和国は一九九一年にあの悪名高きアパルトヘイトを廃止した。それは長年のヨーロッパ系白人支配から脱却して全人種参加の国づくりが行なわれるようになった、といかにもハッピー・エンドで語られがちだが、かの国の温暖なサバンナ地帯一帯はもともとブッシュマンと呼ばれる狩猟採集民コイ・サンの居住する土地であったことを忘れてはならない。

「白人の手によって何百年も土地を奪われ、権利も認められなかったのだ」と主張していた南アの黒人の多くはバンツー系民族で、実は六百年ほど昔にこの地へやって来てズールー王国やスワジ王国などを建設したのだった。コイ・サンはかれらによって温暖で肥沃な土地から追い出され、現在ではカラハリ砂漠周辺で細々と暮らすだけである。

農耕民は森の周縁部を切り拓き、携えてきた作物の種を焼畑農法によって植え育てることにより生活してきた。アフリカ原産のアブラヤシは、ヤシ油の原木として、中央部アフリカではなくてはならない作物だ。またバナナは東南アジア原産だが、千年以上昔のかなり古い時代にアフリカに入ってきて、栽培が容易なため急速に広がった。キャッサバはバンツー系諸民族の拡散とともに持ち込まれた南米原産の作物で、せいぜい数百年の歴史しかないのだが、中央部アフリカでは現在もっともよく食されている。こうした栽培作物はみな農耕民によって広がったものである。

ムブティが栽培作物を携えた農耕民と接触しはじめたのはいつなのか不明だが、作物の中央部アフリカへの伝播からみても、相当に古い時期から付き合いがあったのではないかと考えられる。

人間には雑食性が備わっているから、宗教などの特別な理由がないかぎり、野菜も肉も口にする。森のなかを敏捷に駆けまわって動物を狩ることのできるムブティと、農作物を育てることができる農耕民とは、食生活において完全に互いを補完することができる。

イトゥリの森で主食の地位を占めるバナナやキャッサバはおいしいので、日本人にとってのコメと同じで毎日いくら食べても飽きがこない。しかしたまには魚や肉が食べたいと思うのが人情だろう。逆に、毎日肉ばっかりだと、さすがにいくら肉好きな人でも飽きてしまうだろう。満腹感を得られてお腹にもたれない野菜や穀類を食べたいと思う。

肉と農作物の交換という形で両者が結びついたのは、ある意味で当然だし、その時期もかなりの昔からだろうと推定されるのは、そのような理由からだ。

ところで、先に述べた、狩猟キャンプまで肉を買いつけに来ていた農耕民ナンデは、現在ムブティともっとも積極的に交易を行なっている民族だが、かれらはバンツー系民族には分類されない。ということはつまり、ムブティとかつてもっとも初期に接触した農耕民ではないということになる。

固有の言語を失ったムブティ

では、イトゥリの森でいちばん古くからムブティと共存していた農耕民はといえば、それはビラと呼ばれる人々だ。その推測の理由は以下に記していく。

カドドの半定住バンドではアントニオ神父によってスワヒリ語を使うよう指導されていたことはすでに述べた。しかし実際にはどうだったかといえば、神父の姿が見えるところではたしかに守られてはいたものの、森へ入ったときや狩猟に出かけたときなどは、ビラ語を使っていた。マテンブの森のキャンプでは初めからビラ語だった。

パクトゥンジャはよく「自分たちはキンブティ語（ムブティ語の意味）を話しているのだ」といっていたが、それはビラ語そのものに他ならない。ムブティにかぎらず中央部アフリカに居住する狩猟採集民ピグミーはすべて、自分たちの固有の言語をもっていないのである。

イトゥリの森の北方に住むエフェ・ピグミーはどうかというと、やはり近くに住む農耕民の言葉レッセ語を使用しているのである。

言葉というものは、情報を伝える単なる記号の役割を担うだけではない。その言葉を話す民族の背景にある蓄積された歴史や文化や生活、さらには思想や感情、行動様式までをも含んだ、もっと総体的なものだと思う。

だからこそ、たとえばかつての植民者であった日本は、占領した朝鮮半島や台湾の住民に対して日本語を強制することにより屈服させようとした。

それほどの重要な意味をなす民族固有の言葉を、ムブティはなぜ失ってしまったのだろうか。

ピグミーと同様に人種的にネグリトに属するカラハリ砂漠の狩猟採集民コイ・サンもアフリカ大陸の先住民と考えられているが、ボツワナ政府による定住化政策や、環境条件の悪い砂漠地域に追いやられてしまったことなどから、狩猟採集民として生きていくことはむずかしくなってしまった。しかしそれでも、非常に特徴的な発音法であるクリック音をもつかれらの言葉は、現代でもまだ失われることなく使用されている。この両者の言葉に対する姿勢のちがいは何に起因するのだろうか。

わたしはムブティとコイ・サンがたどってきた、他民族との関係の歴史が、そのまま言葉のあり方へ影響を与えてきたのではないかと思う。コイ・サンは他民族による迫害から逃れて辺境へ追いやられ、ムブティは他民族である農耕民と接触し、共存する道を選んだ、という歴史が。

初めて森の狩猟キャンプのマテンブを訪れたとき、首長《カピタ》の名前をたずねると、怪訝な表情で「父《エバ》のことか?」と農耕民ビラの名前をあげたことはすでに述べた。アントニオから教育を受けていたパクトゥンジャがそのとき気色ばんで、「何をいってるんだ、ビラじゃなくてムブティのだよ」とただした事実は、かつてはどのムブティもビラのことを父《エバ》と呼んできたことを示している。

ただしここでいう父《エバ》とは集団を統率する首長《カピタ》を意味するのではなくて、ムブティとビラがそれぞれ家族単位で結んだ小さな同盟関係のようなもので、小柄なムブティが自分が従属している体の大きなビラの男のことを父《エバ》と呼んでいたにすぎない。

その長年の「小さな同盟関係」が、肉と農作物との交換であった。ところが、パクトゥンジャやアビボは一緒に歩いているときにビラの人に会ったりすると、憤慨しながらよくこう愚痴をこぼした。

「まったくいやになるよ。あいつらビラときたら、口を開けば肉《ニャマ》をよこせ、肉《ニャマ》をよこせだもの。カネも払わないくせに」

狩猟キャンプから定住キャンプへ移動するときなどに、何度かビラの集落に立ち寄ったことがあるが、なるほどムブティが主張するような状況はたびたび起こった。ビラの女が力ずくでムブティの女が担いでいる籠を奪い、ボロクの燻製を取り上げてしまったのを目撃したこともある。両者の体格や容貌のちがいもあるのだろうが、あたかも大人が子どもを脅しているような印象を受けた。

長年イトゥリの森に暮らしてきたアントニオ神父などはそういった光景から、ムブティは他民族に抑圧されているのだと受け取ったのだろう。だが、実際に狩猟キャンプで暮らしてみて感じたのだが、両者の関係は単純に抑圧―被抑圧ではないようだった。

ムブティはたとえ雨などで何も手に入らないときでも、どこからか食べもの、特に農作物を出してきて、みな口を動かしているのがわたしには不思議だった。

その謎が解けたのは、ある日、村へリポンドの買出しに行ったときのことである。ビラは原生の森を切り拓いて畑をつくっているが、ちょうどそこに食べごろのパパイヤがなっていた。わたしはパパイヤには目がない。

うまそうだな、というわたしの視線をパクトゥンジャは感じとったのだろう、欲しいのかと目で聞いてくる。ああ、と返事すると、かれはするすると木によじ登り、いとも簡単にパパイヤを三つほど落としてくれた。さらに畑の片隅に生えていた大麻《ムソンゴ》と唐辛子《ピリピリ》もむしってポケットに突っ込んだ。

「パクトゥンジャ、あんたはいつもビラが肉《ニャマ》をくれくれというって文句をいってたけど、あんたたちムブティだって勝手に食べものを採ったりしているじゃないか」

どこからか農耕民のところからバナナをもってきたムブティの女。

パパイヤをさっそく切りながらそう問い詰めると、かれは、へへへと苦笑いしてその場をごまかした。もともとムブティは森という貯蔵庫にある動物や木の実をとってきて生活しているから、おそらく畑のものを勝手に失敬することに対しては罪悪感をほとんどもっていないのではないだろうか。

定住キャンプにいる間は、女はときどきビラの畑に出向いて農作業を手伝うこともあり、手間賃として収穫物をもらってくる。それ以外にもけっこう頻繁に、農作物を失敬してくるのだろう。計算したわけではないけれど、ムブティが毎日主食として口にしているバナナやキャッサバの量を考えると、経済という点ではもしかしたらビラのほうが損しているのではないだろうか。

もっとも、かれらの関係には、どちらが得したとか、損したとかは言い切れない部分がある。そのような「あいまいな」交換経済が、すなわちムブティとビラのあいだの長年の同盟関係でもあったのだ。

ムブティがいつのまにか固有の言葉を失い、ビラ語を使うようになったのは、こうしたあいまいな交換経済が両者の間で構築されていくなかで、生活としては定住しているぶんだけより安定度の高い農耕民ビラの社会に、ムブティが次第に取り込まれていった結果であると考えられる。

ふたつの異質な社会が出会ったとき、経済的により安定度の高いほうへ、力関係の強いほうへ、いっぽうが吸収されていく例を、わたしたちは歴史的もたくさん知っている。しかしムブティとビラとの関係は、いっぽうが他方を吸収合併するというような単純なものではなく、両者が相互依存しあうもっとゆるやかな共存関係であった。

共存相手との柔軟な関係

いっぽうの農耕民ナンデがイトゥリの森に登場するのは、そう古い話ではない。テトゥリ地区で産出される砂金の採掘労働者として、ここ数十年、他の街や村からの移住が続いているが、その流れに乗って東部からやってきた人たちである。

ビラとちがって商才に長けたかれらは、自転車をこいで物資を運んだり、小さな日用品の店を商ったり、酒《マッカリ》を自家醸造して売ったり、と次第に財を成しつつある。新興の商人である。

パクトゥンジャが冗談半分、よく自嘲気味にしゃべっていたセリフを思い出す。

「ここらあたりの商店はみーんなナンデのもの。店に行ってみろ、塩から砂糖から米から、山ほどある。それにひきかえ、ビラとムブティのあわれなこと、家のなかには何にもない。あるのは瓢箪《ヒョウタン》だけさ」

しばしばナンデの酒屋に出向いて酒を飲ませてもらったが、たしかにトウモロコシが壁一面を埋め尽くすほど貯えられていたりしてびっくりした記憶がある。

テトゥリ村では週に二日間、市が開かれる。この日は近郊の村から何百人もの人が訪れ、買いものだけでなく、旧交をあたためたり、酒を飲んだり、退屈を紛らわせたりと、ちょっとした非日常の時間を楽しむ。女の人はふだんより上等な布を腰に巻き、一種のハレの日を過ごす。

キャッサバ、バナナ、ヤムイモ、米といった主食や、パパイヤ、パイナップル、オレンジなどの果物、搾汁されたヤシ油、その場でおやつとして食べられる揚げパンなどが市の主な商品である。古着や石鹸などの日用品を売る店も出る。遠方から塩や燻製魚を運んできて商う男も見かけるが、たいていは地元の農耕民の女が売り子となる。

一張羅を着て週に2回の市へ繰り出すムブティの男たち。

人垣ができた露店をのぞくと、中年の男が仕留めてきたばかりのサルを、あたかもバナナの叩き売りのような口上を述べながら売っていた。

「さあさあ、そこの奥さん方、買った買った！　早い者勝ちだよ。ほうれよく見ていただきましょ、このサル《マカク》の尻、どうです、ほうらこんなに脂《マフタ》がのってる」

といった調子で、男は脂《マフタ》、脂《マフタ》と何度も叫びながら、サルのお尻の脂肪をつまんで客に見せていた。今年の秋刀魚《サンマ》の脂の乗りは……みたいで、おかしかった。

大型の茶色い体色のサルは九十万・新ザイール、小型の灰色のやつは四十五万で売れていた。サルの頭ばかりまとめて買っていくおばさんもいた。

ムブティの姿もちらほら見かける。しかしかれらの多くは現金などもっていないから、ただ徘徊しているだけのような、どことなくたよりない感じだった。みな持っている服のなかでも一張羅を着ているのだろう、着慣れていないせいか動作もぎこちない。ふだんは履かない靴を履いていたり、どこで手に入れたのかサングラスでばっちりきめている者もいる。

大多数を占める農耕民に対して、精いっぱい虚勢を張っているのが見ていて伝わってくる。それがかわいらしくもあり、哀れにも思える。森の狩猟キャンプで目にした、あの精悍で格好いいムブティの姿はここにはない。しかしこれも時代の流れなのだろう。

カドドのバンドで暮らしていたムブティが見せたようなビラに対する敵意や対抗心は、そのまま他の農耕民に対しても当てはまるわけではない。それどころか、ナンデに対してはどちらかというと好意的に接しているようだった。

ビラに肉を取り上げられそうになったパクトゥンジャが、「本当に悪いやつらだ」と憤慨していたことがあったので、「じゃあ、ナンデはどうなんだ?」と水を向けてみた。

「いいやつらだ。でもちょっぴりだがな」

と、かれは少し考えながら答えた。

「ふーん、じゃあ、すごくいい人っていうのは?」

わたしはパクトゥンジャをからかうつもりで、さらに切り込んでみた。するとその場に居合わせた男たちが四、五人、口をそろえて答えた。

「決まってるじゃないか、白人《ムズング》さ」

わたしは苦笑するしかなかった。

ムブティにとっては、食べものをめぐるあいまいな交換経済の上に成り立っているビラとの関係より、目に見える形で対価を支払って肉を買い上げてくれるナンデとの関係のほうが、明朗会計のぶんだけわかりやすくて得をした気分になれるのだろう。大好きな酒を売ってくれるのもかれらである。

白人《ムズング》というのはここではアントニオたちのことだが、いうことを少し聞いておけば食べものも衣類も支給してくれるので、生活はラクなのだろう。気前よくモノをくれる人は無条件に「いい人」にちがいない。

傍から見ていると、ムブティはしかし、ナンデに対しても白人《ムズング》に対しても、とうてい対等な関係だとは思えない。あきらかに相手に依存しながら生計を立てている。

しかし見方を変えれば、それはムブティの生き方に対する柔軟性を示している。相手がどのような民族であろうと、実にしたたかに依存しながら暮らす術を知っているのだ。

イトゥリの森がいまだ原始の状態を保ち続けているとはいっても、全地球的な傾向として住環境は確実に悪化している。マンギーナの長老アウセの話にもあったように、イトゥリの森でアフリカゾウを見かけることはほとんどなくなってしまった。そもそも人間の数は増え続けており、数千年の昔のように、人類のほとんどが純粋に狩猟採集によって自然界から恵みを受けながら暮らしていくことは、現代では不可能なことである。

わたしは思うのだが、ムブティはこうした環境の変化に対して、実に敏感に、そして巧妙に適応してきたといえるのではないだろうか。かつては全面的に、森という宇宙に寄りかかりながら暮らしてきた。農耕民ビラと接触すると、絶妙なバランスであいまいな共存関係を築いた。次のナンデとは、数字で割り切ったドライな交換経済の関係。

そして現代。カドドの事例に代表されるような、白人《ムズング》との関係。そこでは食べものや衣類を供給してもらうかわりに、白人《ムズング》の望むこと……道路工事をしたり、ビラとの縁を切ったり、スワヒリ語を使ったり……を受け入れている。

時代時代を生き抜くために、そのときの環境や人間関係に敏感に反応し、どういう形で相手と付き合うかをすばやく察知しながら柔軟に共存のしかたを変えていく、それが森の狩猟採集民ムブティ・ピグミーの暮らしだ。

それにしても、と思う。

人類はかつての狩猟採集という生業を捨てて、農耕を選択することによって都市を築き、文明を発展させてきた。狩猟採集と農耕との間には、単なる生業のちがいを超えた深遠なる大きな溝というか、人間の暮らしを考える上で根源的な思想のちがいが横たわっている。そのことについてはすでに述べたとおりである。

近代文明社会がまったくの暗闇の袋小路に入ってしまい、その出口さえ定かでない現代。人間が人間らしく生きることが本当にむずかしい時代。その突破口を開く鍵が、狩猟採集と農耕との間に横たわる溝に隠されている、と信じてイトゥリの森までやってきた。

しかし、現実には、かれら狩猟採集民を取り巻く状況は、文明やグローバリゼーションの大きな波によって一口で飲み込まれようとしている。翻弄されはじめている。

わたしは焦るばかりなのである。

10　同時代に生きる

イトゥリの森の伐採計画

一九九八年二月、アントニオ神父の主宰するプロジェクト・ピグミー・エタベの定住集落カドドで暮らしはじめて数日が過ぎたころ、プロジェクトを共同で運営するアントニオの弟ベニートに初めて会った。

ベニートはブテンボーの街での用事を済ませて戻ってきたのであった。車の音がしたので挨拶しようと広場に出たのだが、わたしと目が合った瞬間かれの表情はこわばった。そして敵意を含んだ警戒心がかれの目に宿ったのをわたしは見逃さなかった。アフリカでアジア人に対して向けられる厳しい視線には慣れていたが、ベニートの目はそれとはあきらかにちがっていた。

しかし幾日もたたないうちに、わたしを見るかれの目にはやわらかな光が宿るようになった。そしてある日の夕食時、突然こう打ち明けられたのである。

「オサム、すまない。実は……たいへんいいにくいことなんだが、わたしは最初きみのことをかなり誤解していたんだ」

ベニートは缶詰のトマトピューレを使ったいつものスパゲティをつつく手を休めて、申し訳なさそうに続けた。

「きみのことをタイ人だと思ったんだ、最初に会ったとき。あとでアントニオから、日本人だと聞いたんだけど、どうしても信じられなくて」

わたしが、アフリカではいつも中国人《シノワ》といわれるし、間違われるのには慣れている、気にしなくていいよと答えると、ベニートは、いやそんなことじゃなくて……と、続けて意外なことを口にした。

「前からうわさでは聞いていたんだけど、このあいだブテンボーに行ったときに、ある信頼できる筋から信憑性の高い話を聞いたんだ。タイの企業がコンゴ東部で事業をいよいよはじめるらしい、という話なのだけど。そのことがずっと気になっていたものだから、きみに初めて会ったとき、てっきりその一味じゃないかと思ったんだ。あのときは本気でスパイかと思った。すまなかった……」

かれは薄くなった頭をかきながら説明した。ベニートは英語が堪能だったので、わたしとはより意思疎通のしやすい英語でしゃべった。

「でも、タイの人がコンゴで事業をはじめることがそんなにいけないことですかねえ。ヨーロッパの会社だっていくらでも入っているじゃありませんか」

ベニートは何ゆえにそれほどタイのその企業を怖れているのだろうか。まるで合点がいかない。かれは吐き捨てるように続けた。

「木材の輸入会社なのさ、その企業というのは。いいかい、よく聞いてくれ、かれらは伐採するつもりなのだよ、イトゥリの森を」

イトゥリの森を伐採する？　そのひとことですべてが理解できた。南米アマゾンに次ぐ規模のアフリカの熱帯雨林、そのなかでももっとも生物多様性豊かなこのイトゥリの森が伐採される……。

その話が本当だとしたら、たいへんなことである。ＦＡＯ（国連食糧農業機関）の推計では、一九九〇年から九五年にかけて、日本の国土の約三分の一にあたる面積の熱帯雨林が地球上から消えてしまったという。環境の変化による砂漠化や、企業による伐採がその原因である。

「でもベニート、このあたりは道路がめちゃくちゃだから、たとえ伐採してもそうやすやすとは運搬できないのじゃないか」

伐採した木材をイトゥリの森から運び出し外国に輸出するルートは、ふたつ考えられる。

ひとつは、トラックでキサンガニまで運んで、そこからコンゴ川の貨物船で首都のキンシャサへ、さらに河口のマタディ港を経由して大西洋にというルート。

もうひとつは、陸路で東へ向かい、ウガンダ経由でケニアのモンバサ港に出て、そこからインド洋にというルート。

しかしすでに述べたように、コンゴ国内の道路事情はといえばもう絶望的なものだ。だがベニートは視線を宙に漂わせながら、ぼそっといった。

「資本があれば、カネさえあれば、道路なんてすぐにでも整備できる。ウガンダ国境までたかだか百キロだ。ウガンダに出てしまえば、あとはモンバサまでずっと舗装されている。そうじゃないかね」

そういえば一九九五年にコンゴ川を貨物船に揺られながら下ったことがあったが、あのとき積み荷の大半は角材だったことを思い出した。船長に聞いた話では、河口のマタディで外洋航路の貨物船に積み替えられてフランスまで運ばれる、ということだった。もしかするとわたしたちが知らないだけで、すでにいくつもの外国資本が中央部アフリカの森林資源に食指を伸ばしている可能性だってある。

「会社はもうとうの昔に買収工作をはじめているだろう。コンゴの役人のことだ、カネとひきかえにあらゆる便宜を与えてしまう。この国ではカネさえあればなんでもできるんだ。きみだってそんなことはよく知っているだろう」

と、それまで黙っていたアントニオが口を開いた。

「そうですね、もし伐採がはじまったら、ここらあたりの住民はこぞって協力するでしょうね。高賃金がもらえるというので評判になりそうだな。労働力には困らないな。ムブティたちも雇われるでしょうね、なんといっても森のなかを自由に歩きまわれるのは、かれらをおいて他にいないのだから」

わたしが自分の考えを述べると、ふたりとも暗い顔のまま黙りこくった。

だが実際問題として、もし森が伐採されたなら、ムブティはその帰結として、狩猟採集民としては当然生きてゆけなくなる。狩猟採集民でなくなったムブティは、ではその後どうやって生きてゆくことになるのだろうか。定住して農耕民として生きる道を選択するのか、それとも商人になるために街へ出て行くのか。

短期間ながらかれらの暮らしぶりを見てきたわたしからすると、しかしそのふたつの道はあまりにも非現実的だ。おそらく農耕民に今以上に寄り添いながら、半寄生的に暮らしてゆくしかないだろう。そのときムブティは、農耕民の「下」の階級に永遠に据え置かれることは火を見るよりあきらかである。

長年ムブティと暮らしてきたアントニオもベニートも、かれらの性格を知り尽くしているだけに、わたしが考えたのと同じような悲劇を予想しているらしかった。食事中も終始沈痛な面持ちのふたりを見ていると、たとえ手を差しのべる方法や考え方はちがっても、ムブティのことを想う気持ちはわたしとまったく同じなんだと思った。

「でも仕方がないのかな、ムブティ自身がそのような道を選ぶのだったら……」

かれらが永遠に狩猟採集民のままであって欲しいと願うのは、文明人と称する者の思い上がりにすぎない。そんなことはわかりきっている。でも……もうしばらくは狩猟採集という暮らしがどのようなものので、わたしたちの世界にどのようなことを教えてくれるのか、を伝えていてほしいと思うのだ。地球環境や人間社会が修復不能なほど壊れてしまう前に。

ベニートは何かを思いついたという感じで、顔を上げていった。

「今度帰国したら、個人的によく知っているEUの環境担当官にこの伐採問題を話してみるつもりだ。だからオサム、きみも日本へ帰ったら、雑誌や新聞で、いまイトゥリの森で何が起きようとしているのかぜひ発表して人々に知らせてほしい」

ベニートは、イトゥリの森全体をいわゆる自然保護区のようなものにして、住民や企業が勝手に手を加えることができないようにする方策を考えているようだった。ちょうど「アフリカ最後の原生林」とうたわれた隣国コンゴ共和国のンドキの森が、アメリカ人研究者らの協力のもと迅速にヌアバレ・ンドキ国立公園と命名され行政の管理下に置かれたように。

しかしイトゥリの森を抱えるコンゴでは現在も実質的に内戦状態が続き、政府が分裂状態にあり、環境や自然や少数民族を保護するというような事業が施行される見通しはない。それどころか二〇〇三年にはイトゥリの森に展開する反政府軍がピグミーを虐殺し、その肉を食べたというおぞましい報告が、国連サイドからも伝えられるなど、混沌は続いている。

ただし逆のうがった見方をすれば、この国で内戦や政治・経済的混乱が長引くほど、伐採会社も資本を大量投入して事業を推し進めるわけにはいかないから、皮肉にも森そのものは守られるのではないかという気がしないでもない。

ところがそのような見通しが甘いものであったことを思い知らされた。

ベニートから初めて伐採計画を聞いて八か月後にわたしはイトゥリの森を再訪したわけだが、内戦は激化していたにもかかわらず、ベニの出入国管理官から、タイの伐採会社のチームがすでにベニから五十キロほど内陸の村に拠点を設けているという情報を得たのである。タイ人の社員がすでに十四人、滞在しているという。

それを聞いたとき、ダラ・フォレストというその会社は、本気でイトゥリの森の伐採を考えているのだな、と思った。

ショックだった。悲しかった。しかしこの悲しみはどうやら、愛すべきムブティたちが追われてしまう、生きてゆけなくなる、という予測から来ているのではないような気がした。なんとなく胸のあたりがもやもやしてすっきりしないのだ。ダラ・フォレスト社だけを責める気には全然なれなかった。

森林伐採は単なる環境問題なのか

他国へ乗り込んで、原生林を伐採する……なんだ、これは日本という国がやってきたことそのものではないか。フィリピン、マレーシア、インドネシア……で。マレーシアのボルネオ島北部のサラワク州では、ダヤクと呼ばれる森の先住民が現在も伐採によって住処を追われ続けている。

日本はよく知られるように、ラワン材などの熱帯産木材を大量に輸入している。その量は、世界で取り引きされる総量の三割にも達するといわれている。国内では、森林が国土の七割以上を占める山国であるにもかかわらず、スギやヒノキなどの植林が、林業従事者の不足から伐採されないまま放置され、問題になっているというのにだ。

なぜそんなことをするかといえば、アジアの途上国から熱帯材を輸入したほうが安いためである。経済効率がすべてのものに優先する日本という国の体質が、こんなところにもよく現れている。そして経済効率という名の怪物に支配された国民に、サラワクの先住民のような人たちの悲鳴が届けられることはまずない。

百円ショップにしろデパートの家具売り場にしろ、商品となった熱帯材を見て、そこに生活を追われた人々の影を浮かび上がらせることのできる消費者がいったいどのぐらい存在するだろうか。これでは家具を買う日本の消費者も、伐採会社と同じ穴の狢ではないだろうか。自分も含めて。

胸のあたりがすっきりしないのは、どうもそういったことが原因らしい。日本は東南アジアの原生林を伐採し、東南アジアの企業はアフリカ奥地の原生林を伐採する。どちらも、儲けるのは企業と、現地の伐採権を所有し行使する政治家や役人。生活をぶち壊されるのが、昔からその土地で暮らしてきた人々。

そして、その構図を支えているのが、のんきな消費者であり、無知な大衆というわけだ。

　こう考えると、イトゥリの森の伐採問題は、単なる一企業の事業にのみかかわる問題ではないし、「環境問題」として片づけるべきことがらでもないことが浮かび上がってくる。

　もっとも森林の伐採そのものは、ずっと前からこの地を開拓した農耕民によって行なわれてきた。木を切り倒し、焼畑農法によって、バナナやキャッサバ、アブラヤシといった農作物を育ててきた。このイトゥリの森でも、道路に沿って農耕民の集落が開けているが、その周辺はだいたいにおいてすでに開墾された土地である。いっけん原生林に見えても、人間の手が一度入った後に回復した森林、いわゆる二次林は相当ある。

　ただこうした二次林の多くは、農耕民が斧と鋸で、つまり人力で拓いてきたものである。機械と人員と資金を動員して短期間で収益をあげようとする企業の伐採とは、破壊力が根本からちがう。そのあたりを混同してはいけない。

砂金の採掘に従事する

　ムブティが他者のために森への案内人となったことは、実は過去にもあった。わたしがコンゴに入国したときに内務省の役人から「テトゥリは鉱山特別区に指定されている」といわれた話はすでに書いた。実際にそのような特別区が存在するのかどうか知らないが、テトゥリ周辺には昔から金の鉱山があったことはたしかである。

　テトゥリ村が大きな村として発展してきたのも、金の採掘でひと山当てようとした人たちの流入の結果だ。砂金を掘るためには森へ入らなくてはならない。そのとき道案内をしたのが、ムブティというわけである。

パクトゥンジャに初めてマテンブのキャンプに連れて行ってもらったときのことを鮮明に覚えている。集会所《テーレ》で焼きバナナをほおばっていると、男が五人どこからか戻ってきた。全員からだが泥まみれで、プラスチック製のタライやスコップ、ツルハシなどを手にしている。

「カドドへ道路工事に行ってたのだろうか」

とパクトゥンジャに聞くと、ちがうという。

「おい、あれをもってきてくれ。この人が見たいのだそうだ」

パクトゥンジャは顔見知りらしい男に、それをもってくるようにいいつけた。若い男がマングングの葉にくるまれた小さな包みを差し出した。何が出てくるのか、ドキドキしながらのぞきこむと、きらきらと金色に光るものが見えた。砂金だった。息をすると吹き飛びそうな、その程度の量だった。

後日、採掘現場まで案内してもらった。キャンプから十分ほどのじめじめした場所で、小さなせせらぎが音を立てていた。ムブティらはスコップでそこに八畳ほどの大きな穴を開けており、半身水につかりながら底に溜まる泥をすくってはタライに移していた。そして根気よく砂をより分けていく。その成果が、マングングの葉でくるんだわずかばかりの砂金なのだった。

おそらくかつては街から流入してきた人々に、採掘労働者や案内人として雇われていたのだろう。そのうち仕事の要領を覚えて、自分たちだけで砂金を探すようになった。

以前に、あるビラの集落に立ち寄ったとき、例のごとくムブティは燻製にしたボロクの肉を取り上げられたのだが、その代価としてビラが手渡したのは砂金で、わたしはすごくびっくりした。酒《マッカリ》がどうのと聞こえたから、多分これと引き換えに飲めるよとでもいわれたのだろう。

テトゥリの市周辺には、本当に砂金を換金する店が存在した。経営者はベニから来ているといい、砂金はある程度たまったらもっていくと、店で仲買人が買ってくれるのだという。隣国ウガンダの首都カンパラが、こうした闇の鉱物資源の集積センターになっているらしい。一グラムの価格をたずねると、十ドルだという。まさしく世界で取り引きされている額だが、ムブティが果たしてこのレートで売ることができているかというとかなり疑問だ。

というのは、たまたま取り引き場面に遭遇したのだが、仲買人の計量がかなりいい加減だったからである。天秤式のはかりが使われていたが、おもりには古いアルミのマクタ硬貨やマッチ棒が使用されていた。第一、はかりがきちんと調整されているのかどうかも怪しいものである。数字に弱いムブティをだますことぐらい、赤子の手をひねるより簡単だろう。

計量の場面の写真を一枚撮ると、仲買人はたいそう怒りだし、わたしはムブティともども罵声とともに店を追い出された。

狩猟採集民と砂金採取というと、どうもイメージが結びつかないものだが、その後いろいろなバンドを訪れるうちに、かなりの数の男たちがその仕事に従事していることを知った。思うに、砂金を探すという仕事は、いってみれば一種の賭けである。

一攫千金を夢見てはるばる新大陸やアフリカに渡ってきたヨーロッパ人移住者の例を持ち出すまでもなく、砂金という響きにはなんとも怪しい魅力が付きまとう。無一文の人間がある日突然、大金持ちに

店の中で天秤を扱う金の仲買人。

なれるのではないかという幻想を抱かせる。見つけるか、見つけられないか。ただそれだけのことが人生を分けるのである。

その種のバクチ的行為は、日々の生活を運に委ねている狩猟採集民の生き方と、かなりの部分でオーヴァーラップしそうである。ムブティにとっては、生活の糧を探すという意味では、狩猟採集も砂金掘りもまったく同等の行為なのかもしれない。その証拠に、同じツルハシを握っていても、カドドで見かけた道路工事とはまるで労働に対する意欲が異なっていた。

定住化による暮らしと意識の変化

プロジェクト・ピグミー・エタベの本部があるカドドでは、アントニオたちの活動はいまや第二段階に入ろうとしているように見えた。第一段階が、労働と定住化。そして第二段階が、教育である。ベニートは近いうちに学校も開校させたいという。その目的は、スワヒリ語を操れるようになることで、ムブティが他の民族と対等に渡りあえるようにしたい、との考えからだ。

対等ということに関して、こういうこともあった。アントニオがある日、周辺に住むムブティたちを招集して「会議」を開いたのである。遠くは百キロも離れたオイチャという村の近くから馳せ参じたという。どうりで見慣れない人の姿が多かったわけである。

会議の主題は「民主主義《デモクラシー》」だった。笑ってはいけない。集まった人の多くは初老の男性で、かれらの顔は真剣だった。

細かい内容までは聞き取れなかったが、ビラやナンデにいくらぐらいでボロクを売るべきか、というようなことを話し合っていた。四ドラー、いや五ドラーだ、といった具合に。協定して最低販売価格を決め、ビラやナンデにだまされないようにしようというわけである。それがかれらのいう「デモクラシー」らしい。

ただし一ドルがコンゴ・フランあるいは新ザイールでいくらになるのかといった類の計算にはめっぽう弱いらしく、はたして会議の結果が生きてくるのかどうかは疑問である。それにしても地球上でもっとも辺境と考えられている地に住むムブティが米ドルの話をしているなど、いったいだれが想像できようか。グローバリゼーションの波は、イトゥリの森のなかにまで及んでいる。

現実的には、貯め込むことを知らない狩猟採集民の気質まで変化してしまっているわけではなく、相変わらずあぶく銭が入ったらパァーッと酒《マッカリ》を飲んだりして使い切ってしまう。これは狩猟採集民に共通の気質といえそうで、北極圏のイヌイット（エスキモー）やボツワナのコイ・サン（ブッシュマン）にしても似たような事例が報告されている。

ムブティは気心が知れてくると、遠慮がちだがしばしばわたしに無心してきた。

「あそこに行けばナンデがやっている酒場があるぞ」

「大麻《ムツンゴ》を村へ行って仕入れてくる」

といった類のもので、無心してくるのはきまって酒やタバコなどの嗜好品であった。腹が減ったので食べものを、といわれたことは一度もない。毎日を気楽に楽しく暮らしたいという思いが人一倍強いのだ。

貨幣経済よりもムブティの暮らしを決定的に変えつつあるのが、おそらく定住化だと思われる。そして定住化が進むにつれて、衣食住のうち食も変わり、衣も変わっていく。

かれらが定住キャンプで口にする食べものは、主食のほとんどが栽培植物である。そのうえヴガリ（トウモロコシやキャッサバの餅）やソンベ（キャッサバの葉）などは、臼と杵を使って丹念に材料をつぶさなくてはならず、そうした道具は本来は移動生活にあたってたいへん重く不便な代物だ。定住が進むにつれて重たい道具も定着し、やがては「所有」という概念が根づいてくるのだろう。

数十年前の古い記録にみられるような、木の皮を叩いて延ばしてつくった布はもはやこのあたりでは用いられていなかった。かつては男だけでなく女も、こうした布を腰に巻くだけの衣装であったが、今は男なら古着のシャツとズボン、女は一枚のプリント地の布をまとって胸が見えないように着ている。

カドドではときどきイタリアからの古着の援助物資が到着するので、ひとりで四、五着も所有している者さえあり、着たきり雀のわたしなどよりよほどこざっぱりした格好をしていた。

定住化によって、森の移動キャンプに見られるような木の枝とマングングの葉だけでつくる半球型の家よりも、頑丈で長持ちする家へと変化していくのは、当然の流れかもしれない。農耕民が建てる泥壁の方形の家が、定住キャンプではもはやふつうとなっている。

滞在中、アントニオから首長《カピタ》に命じられたアビボが、みなに先駆けてトタン屋根を自分の家に取り付けている最中だった。

「アビボに首長としての自覚をもたせるのです。農耕民より立派な家を所有することによって、コンプレックスは解消するでしょう」

アントニオは得意げなアビボを前にそう説明した。銀色にまぶしく光るトタン屋根は、熱帯の森のなかでは妙に浮き立って見えた。

カドドではすでに述べてきたように、キリスト教の布教、学校建設、スワヒリ語の使用、サッカーの試合、医療、道路工事の導入、飲酒喫煙の禁止、農耕の奨励、安息日の遵守、定住の促進、ビラとの交際禁止、などなど、ほんの十年たらずの間に、ムブティがこれまで何万年、何百万年とたいして変えることなく続けてきた暮らしをほぼ百パーセント否定するような教えのもとに日々が過ぎていった。

いっぽうで、イトゥリの森のあるコンゴ民主共和国は長年におよぶ経済危機と政治的混乱からいまだ抜け出すことができず、一九九八年以来ずっと内戦状態に置かれている。さらに伐採会社の進出や、地球規模の環境悪化による森林の消失と、ムブティの生活圏は少しずつ狭められていく。

このように、ムブティを取り巻く状況は、お世辞にも楽観視できるものではない。そしてここ数十年間でかれらが経験してきた環境の変化というのは、戦後五十年間で価値観が激変して暮らし向きや思考がまったく変わってしまったといわれるわれわれ日本人の感覚をもってしても、想像すらできないくらいの大きな変化にちがいない。

変わるもの、変わらないもの

しかし……そのような激動の時代をくぐりぬけながら、ムブティはいまも森のなかで生きている。暮らしている。時代の節目に、共存すべき相手をころころと変えながら、環境に実に柔軟に対応しながら生き抜いてきた。大いなる自然、農耕民ビラ、ナンデ、そしてアントニオという外国人の主宰するＮＧＯ……と。

一九九八年十一月の二度目の訪問の際、激化した内戦によってアントニオのプロジェクトはすでに撤退したあとだった。共存すべき相手を失ったムブティは、ではどうやって暮らしていたか。

定住キャンプに留守番として残っていたダカラにたずねると、みんな森のキャンプへ入って狩猟を行なっているという。そんな馬鹿な、と思った。八か月ほど前に最初に訪れたときは、わたしがいくら請うても狩りにはまったく興味を示さなかったのだから。いったん文明の甘い蜜の味を知ってしまった者が、そうやすやすと森の暮らしに戻れるはずなんかない。

半信半疑のまま、翌日ダカラに案内されて、かれのいう森のキャンプへ向かった。イトゥリ川を丸木舟で渡り、森のなかにつけられた小径を進む。歩を進めるたびに、八か月前のあの懐かしい森の感覚がからだじゅうによみがえってくる。それにしても……パクトゥンジャたちは本当に森へ還ったのか。

歩くこと四時間、先頭を行くダカラが振り返ってにこりと笑った。そして手にした手刀《パンガ》で、見上げるような大木の根元に広がった板根を叩いた。

カーン、カーン

小気味よい音が森の静寂を破り響きわたった。するとどうだろう、その音に呼応して、「わぁーい」という歓声がいっせいに上がった。わたしが来た、という情報が、すでに流されていたのだろう。

その瞬間、森の地面に密生するマングングの葉をかさかさいわせながら、いくつもの人影が走り寄ってくるのが見えた。本当だった、本当にかれらは狩人に戻っていたのだ。パクトゥンジャ、シンギ、ムンベーレ、それにパクトゥンジャの奥さんのエンジェ……。みんな溌剌として元気そうだった。思わず目頭が熱くなった。

やあオサム、元気だったかい。
あんた本当によく戻ってきた。
反政府ゲリラ《マイマイ》は今どこにいるのだ。

わたしは次々と現れるムブティらと抱擁を繰り返す。男たちはとっくにシャツなどは脱ぎ捨てており、半ズボンに上半身裸だった。森のなかではこういう格好がいちばん過ごしやすいのだ。キャンプには、くすくすというさわやかな笑い声が絶えなかった。毎日のように狩猟に出かけては、獲物を仕留めて帰ってきて、充実した夕餉の時間が待っていた。カドドにいたころの沈鬱な表情はみられず、大麻《ムツンゴ》を吸ったり、網の修繕をしたり、子どもの遊び相手になったりと、男たちは満ち足りた暮らしを享受していた。

これこそが狩猟採集民の暮らしなのだと思った。森のキャンプでは、労働がとか、教育がとか、そういうことをあえていわなくても、ホンモノの生活が息づいていた。したたかに、たくましく生きていた。自分が食べて、家族を食べさせて、仲間と一緒に楽しく暮らす。人間にとってそれ以上に必要なことって、いったい何なのだろう。

ムブティは身長が低いこともあって、外見上は弱々しく見える。他の民族や周囲の人々に依存しながら、かつかつで生活しているように見える。しかしそれはかれらにとってあくまでも暮らしを立てるために選んだ手段なのであって、目的ではない。

狩猟採集民としての本質は図太く遺伝子に刻まれている。いざというときには、いつでも即、森へ還って、狩猟採集によって暮らしを立てていくことのできる力を秘めている人たちなのだ。

わたしはもう、そういうかれらの姿に接することができただけで、今回の訪問は目的を達せられたと思った。

コンゴ国内の内戦は、これを書いている二〇〇六年現在も、完全に解決されたわけではない。しかし国内の政治・経済に混乱が続けば続くほど、皮肉なことに森は生きのび、ムブティたちはイトゥリの森があるかぎり、狩猟採集民としての暮らしを変えることなく生き続けていくにちがいない。

人類がアフリカで誕生して以来、数百万年にわたって連綿と継承されてきた狩猟採集という暮らし方には、自然との折り合いのつけ方や共同体の機能とあり方についてなど、人類が未来に向かって存続していくうえで絶対に必要になる「知恵」が凝縮されている、と確信する。

人類が破滅に向けての歩を進めている現代において、もしわたしたちがかれらから何も学ばなかったとしたら、そのスピードはさらに加速していくにちがいない。

残された時間は、もう、あまりない。

少し長いあとがき――身土不二の知恵への旅

私事で恐縮だが、わたしは五年前に東京から大分県の国東《くにさき》半島というところに住居を移した。世間一般でいうところの「田舎暮らし」「スローライフ」ということなのだが、今までどおり写真や文筆の仕事をしながら、無農薬で米をつくったりニワトリを飼ったりしている。なぜ国東半島なのかについてはとうてい紙数が足りなくて書きつくせないので省略するが、都会から移り住んだ理由のひとつが「安全でおいしい食べものを口にしたい」ということであった。

わたしはこれまでアジアやアフリカのいわゆる途上国と呼ばれる国々を主に訪ね歩き、そこで営まれている人々の暮らしを写真で記録してきた。どこへ行ってもかれらの生活は質素なものであった。しかしそれはイコール貧しいということではなく、食べるものにしても住むところにしても身近なもので間に合わせようとする結果、たとえば毎日の食事のメニューが同じものになってしまう、そういう意味の質素であった。

住居にしても、材料は地元にあるものを使い、その土地の気温や湿度や風向きなどにあわせて建てられているから、国や地域によって統一性、独自性があった。人間の生活の基本にある食事や服装にも同じことがいえる。そのような地域では人々の立ち居振る舞いもどこか上品で美しかった。長い年月をかけて熟成された生活様式の中に完成度の高い芸術《アート》が潜んでいた。人間活動と環境が見事に調和した結果、風土というものがそこに住む人間の行状を見事に反映していることにあらためて驚き、再認識した。文化と呼ばれるものの本質をこのとき初めて理解したように思う。

とりわけムブティ・ピグミーと共に暮らした日々は、忘れようにも忘れられないものである。イトゥリの森を離れて七年がたつが、ときどき何かの拍子に森での生活を思い出して、はたして自分は本当にそこに存在していたのだろうか、あれは夢だったのではないだろうかと思うことがある。シルクの柔らかな布にふんわりと包み込まれたような森での穏やかな暮らし。暗闇の中にぽっかりと浮かび上がる集会所《テーレ》の明かりに照らされた人々のなんとも満ち足りた顔。

天気がよいと毎朝、狩猟採集民ムブティは森の奥深くに入って何がしかの食べものを調達してくる。その日食べられる十分な量が確保できたら、キャンプへ持ち帰ってあとは銘々がのんびりと過ごす。家族を中心とした悠々とした暮らしがそこにはあり、人間にとってそれ以上望むことっていったい何だろう、これこそが人間の生活の原点じゃないかと、自問自答する日々だった。

特に感心したのは、かれらの暮らしが森という宇宙と完全に一体となっていることだった。環境に負荷を与えないために自らが移動を繰り返す生活。必要以上にはけっして貯えたり貪ったりしない生活。すべてのものが森という閉ざされた生態系の中を見事に循環しているように見えた。かれらを前にすると、わたしたちの社会が使う「環境にやさしい」という言葉がなんとも嘘っぽく白々しいものに感じた。

帰国すると、自給自足的な生活にトライしてみたくなった。わたしは影響を受けやすいのである。本当はムブティのように狩猟採集生活をしてみたかったのだが、昔のサンカならいざ知らず、現代の日本ではそれは無理な話である。日本にはもはや狩猟採集で人間を養い得る自然は残されていない。唯一ホームレスとなって都会の片隅で廃棄食品をあさって暮らす採集生活の方法があるにはあるのだが。

国東半島に移ってからは、できるだけ機械の助けを借りずに一反五畝の田圃を耕し、無農薬・有機栽培で米をつくりはじめた。人間の残飯は飼っているニワトリにやり、ニワトリの糞は田圃や畑に戻すなど、わたしなりに人工的な循環世界を創出できるよう努めている。

身土不二《しんどふじ》という言葉が日本には昔からあるように、人間のからだというのは住んでいる土地と深く関わっているものだし、またそうあることがもっとも自然なのだと思う。人間のからだの細胞はすべて食べものと水からできている。逆にいえば、何を食べるかがその人のからだや健康を決定するということだ。食べものというのは塩などのミネラルを除くと、すべて元々は生きていたもの、植物や動物である。そしてどのような植物や動物にしても、周囲の環境によって生息できる種や数が決められている。人間も一種の動物として生きるのであれば、当然ながらそういった自然界の法則に従わなければならない。

しかし現代の日本人に目を転じてみると、食料自給率がすでに四割をきっていることからも明らかなように、ますます自然から遠ざかりつつある。からだを構成する細胞の六割は、見も知らぬ外国で育てられたり捕獲された生物に由来しているといってもよい。身土不二の精神からは相当かけ離れてしまっている。そうしてつくられた不健康なからだに健全な精神を宿せというほうがおかしい。自分たちのライフスタイルを見直すでもなく、健康にはあれがよい、これがよいと翻弄されている人たちを見ていると、苦笑してしまうしかない。環境うんぬんという以前の話である。

思うに、日本人は自らの生活や思想を西欧化していく過程で、食べものを栄養学の観点からしか見ないようになってしまった。この食べものは何カロリーだとか、どのような成分が入っているか、というように。でも食べものというのは単なる栄養素の集合体などではなく、食べるという行為には本来、もともと生きていた他者の命をもらうという意味があるのではないだろうか。数字や化学記号では表せない「生命の源」を自分の体内に取り込むという意味が。

ムブティの暮らしを見ていると、食べものというのは本来、「死」の累積ではないかと感じた。他の生きものを殺して食べる。直接に手を下さないからなかなかそういう実感を得ることは難しいが、自然界の命を分けてもらいながら人間は生かされている。「死」と「生」は互いに相容れないのではなくて、同時に存在している、そのように思えるようになった。

微生物が有機質を分解し、それを植物が太陽光、水とともに取り込み、それを動物が食べる。そしてその植物や動物を人間が食べる。つまり人間のからだを構成しているのは元をただせば太陽であり、水であり、他の生きものなのである。自分は他者であり、他者は自分でもあるのだ。生命はこうして、森の中を、地球上を、宇宙を、循環している。そして現代の日本人にいちばん欠けている思想の軸が、この点にあるのではないかと確信するようになった。

わたしが自分で米をつくってみよう、それもできるだけ生命の息吹が感じられるような米をと思い立ったのは、食べものをできるだけ自分の手を煩わせて生産することにより、生命の循環や環境のことを具体的な体感としてもっと知りたかったからである。

もともとわたしは大学で環境科学を専攻していたぐらいだから、人間と環境との関わりについて興味はあったのだと思う。しかしなにぶんにも都会で生まれ育っているから実体験が欠けていた。頭の中の学問でしかなかった。その意味でムブティとの出会いは衝撃だった。森とムブティとの関係は、そのまま地球と人間、宇宙と生物という関係にスライドさせることができると思う。わたしがイトゥリの森で学んだことは、知識ではなく知恵だった。異端者の突然の訪問を拒むことなく受け入れ、共に生活するという貴重な機会を与えてくれたムブティたちには、ただただ感謝するのみである。

その後、ムブティが暮らすコンゴ東部の情勢は依然として混乱が続いている。わたし自身が実は、二度目の訪問時に身の危険を感じたことがあった。取材が終わりバイク・タクシーでウガンダとの国境へ向かう途中、当地を制圧した反政府軍に検問で拘束され、所持金すべてと金目のもの、つまり撮影機材一式を奪われそうになったのだ。

そのときとっさにわたしの頭の中に浮かんだのは、たとえ金品すべて強奪されても、撮影済みのフィルムとフィールド・ノートだけはなんとしても死守しなければという思いだった。ムブティのように暮らす人々の存在は、現代に生きる先進国の人々には絶対に知らせておかなくてはならないという何か使命感のようなものが自分の内部に芽生えていた。その思いが、こうしてわたしにこの本を書かせる原動力にもなった。

一九九九年には国連コンゴ監視団が派遣され、二〇〇二年には南アフリカでコンゴ政府と反政府勢力との間に包括和平合意が成立するなど、紛争解決に向けた取り組みは少しずつ前進している。しかしその翌年には反政府勢力の兵士たちがピグミーを虐殺してその肉を食べるというおぞましい事件が国連の報告で明らかになるなど、これまで二〇〇～三〇〇万人に及ぶ住民が犠牲になったといわれる内戦の混乱はまだまだ収束には程遠いのが現状である。

共に暮らした合計で五か月間というわずかな時間では、研究者ではないわたしにとって、かれらの生活や文化の全貌を把握するのは不可能であった。言葉の問題もある。たとえばムブティが死後の世界をどのように捉えているのかといった精神的な問題や世界観に関わる考察などは、単なる居候の身分のわたしなどにはとうてい無理であった。本書の中にもわたしの勘違いや思い込みの部分がもしかしたらあるかもしれない。

ムブティの暮らしや文化、行動様式に興味がある方は、市川光雄さんや澤田昌人さんなどに代表される文化人類学者が長期のフィールドワークに裏づけられたすぐれた研究書、著書を出されているので、ぜひ購読されることをお勧めする。両氏からは、ムブティについて直接ご教示いただく機会も得ることができた。さらに、市川さんには本書に推薦文を寄せていただいた。この場を借りてお礼申し上げたい。

最後になったが、この本がこうして世に出ることになったのは、新評論編集長の山田洋さんに出版を快諾していただいたうえ、編集部の吉住亜矢さんに構成から内容にいたるまで適切なアドヴァイスを多数いただけたおかげだと思う。また、プロジェクト・ピグミー・エタベのアントニオ・マズカート、ベニート・マズカート両氏には、現地でお世話になりっぱなしであった。関係者すべてに心からお礼申し上げたい。コンゴの情勢が一刻も早く落ち着き、イトゥリの森で暮らすパクトゥンジャやシンギ、アビボ、ンドロンビ、ダカラたちに再び平穏な暮らしが戻ることを祈りつつ。

二〇〇六年夏

船尾　修

ムブティ・ピグミーの世界をもっと知るための参考文献

闇の奥　ジョセフ・コンラッド／中野好夫訳　岩波書店（岩波文庫）一九五八
ゴリラとピグミーの森　伊谷純一郎　岩波書店（岩波新書）一九六一
ピグミー　森の猟人　コリン・M・ターンブル／藤川玄人訳　講談社　一九六三
ピグミーとの八年間　アン・E・プトナム／水口志計夫訳　筑摩書房（世界ノンフィクション全集）一九六八
白ナイル　ナイル水源の秘密　アラン・ムアヘッド／篠田一士訳　筑摩書房　一九七〇
カラハリの失われた世界　L・ヴァン・デル・ポスト／佐藤佐智子訳　筑摩書房　一九七〇／一九九三（ちくま文庫）
ピグミーの世界　酒井傳六　朝日新聞社　一九七三／一九七六（朝日選書）
無文字社会の歴史　川田順造　岩波書店　一九七六／二〇〇一（岩波現代文庫）
ハームレス・ピープル　原始に生きるブッシュマン　E・M・トーマス／荒井喬・辻井忠男訳　海鳴社　一九七七
砂漠の狩人　田中二郎　中央公論社（中公新書）一九七八
アフリカ人間誌　コリン・M・ターンブル／幾野宏訳　草思社　一九七九
コンゴ河　その発見、探検、開発の物語　ピーター・フォーバス／田中昌太郎訳　草思社　一九七九
森の狩猟民　ムブティ・ピグミーの生活　市川光雄　人文書院　一九八二
アフリカ33景　伊藤正孝　朝日新聞社　一九八二／一九八五（朝日文庫）
文化人類学事典　梅棹忠夫他編　弘文堂　一九八七（改訂）
アフリカを知る事典　伊谷純一郎他監修　平凡社　一九八九／一九九九（新訂増補）
アフリカ音楽探検記　のなか悟空　情報センター出版局　一九九〇
熱帯雨林の生態学　伊沢紘生監修／ジョン・C・クリッチャー／幸島司郎訳　どうぶつ社　一九九二
喜望放浪　母なる大地アフリカの旅　河口正紀　武蔵野書房　一九九二

豚と精霊　ライフ・サイクルの人類学　コリン・M・ターンブル／太田至訳　どうぶつ社　一九九三
アフリカ大陸探検史　アンヌ・ユゴン／高野優訳／堀信行監修　創元社（「知の再発見」双書）　一九九三
最後の狩猟採集民　歴史の流れとブッシュマン　田中二郎　どうぶつ社　一九九四
ニサ　カラハリの女の物語り　マージョリー・ショスタック／麻生九美訳　リブロポート　一九九四
森林彷徨　伊谷純一郎　東京大学出版会　一九九六
森を語る男　加納隆至　東京大学出版会　一九九六
ンドキの森　アフリカ最後の原生林　三谷雅純　どうぶつ社　一九九六
共生の森　寺嶋秀明　東京大学出版会　一九九七
新書アフリカ史　宮本正興・松田素二編　講談社（講談社現代新書）　一九九七
アフリカ　豊饒と混沌の大陸／赤道編　船尾修　山と渓谷社　一九九八
アフリカ入門　川田順造編　新書館　一九九九
アフリカ　狩猟採集社会の世界観　澤田昌人編　京都精華大学創造研究所　二〇〇一
森と人の共存世界　市川光雄他編　京都大学学術出版会（講座・生態人類学2）　二〇〇一
カネと人生　小馬徹編　雄山閣（松園万亀雄編集代表　くらしの文化人類学5）　二〇〇二
エデンの彼方　狩猟採集民・農耕民・人類の歴史　ヒュー・ブロディ／池央耿訳　草思社　二〇〇四

現代コンゴを読むアングル③

映画「ホテル・ルワンダ」とコンゴ内戦

監督 T. ジョージ／2004年／南ア=英=伊
（www.hotelrwanda.com）

1994年に起きたルワンダ大虐殺《ジェノサイド》を描いた映画「ホテル・ルワンダ」――日本では当初公開が見送られていたが，作品に心打たれた若者たちの署名運動によって2006年に公開が実現し，連日多くの観客を動員したのは記憶に新しい。映画のストーリーは，あるホテルマンが殺されゆく運命の人々を機知と行動力で救うというものだが，80万人以上の虐殺を黙殺した国際社会に対する批判も重要な柱となっている。

現在のコンゴ内戦はいったい誰と誰が戦っているのか非常にわかりにくい構図となっているが，そもそもの発端はルワンダで起きたこのジェノサイドにある。そして紛争をここまで不透明にしてしまったのは，やはり鉱物資源の利権に絡む国際社会の醜い争いであった。

多数派・農耕民のフツと少数派・遊牧民のツチは長年にわたり対立していた（ただし両者はもともと同族で，対立はベルギーの植民地政策がつくりだしたもの）。1994年，フツ人のルワンダ大統領の暗殺をきっかけに，フツによるツチの大虐殺が起こる（実は虐殺は計画的なものだったともいわれている）。これに対しウガンダの支援を受けたツチが逆襲，インテラハムウェと呼ばれるフツ民兵はコンゴ東部へ逃走した。彼らを追う形でルワンダ軍がコンゴに越境，内戦が飛び火してしまったのである。いわばルワンダの傀儡政権として担がれたカビラ議長は首都キンシャサを陥落させモブツ政権を崩壊させたが，その後フツ側に寝返ったためルワンダ軍は再び進軍することになった。

カビラはアンゴラやナミビアに応援を依頼，ルワンダはウガンダ，ブルンジと手を結んだ結果，紛争は一気に拡大。第一次アフリカ大戦の様相を呈する事態となってしまった。介入各国の狙いはもちろんコンゴ国内の豊富な鉱物資源である。戦争とは経済的理由なしには起こらない。

その後カビラ大統領は暗殺され，2002年には反政府勢力を含めた暫定政権成立に関する和平合意が結ばれたが，ウガンダとルワンダが撤退すると今度は権力の空白地帯ができてしまい，コンゴ東部の民族同士の覇権争いへと発展しつつある。いずれルワンダ大虐殺と同じことがこの地でも起きる可能性が危惧されている。

現代コンゴを読むアングル②

紛争ダイヤモンドとコルタン

コルタンの原石（国連のサイト www.un.int/drcongo/coltan より）

ダイヤモンド，金，コバルトといった鉱物資源を豊富に抱えるコンゴ民主共和国。しかし広大な国土と脆弱な政府がゆえに，鉱物資源の一部は不正に採掘され国外に持ち出される事態となっている。同国では東部を中心に内戦が続いているが，シエラレオネやアンゴラなどの内戦と同様に，反政府武装勢力が不正に占拠した鉱山を採掘，ダイヤモンドなどの鉱物資源を戦闘のための資金に充ててきた。こうしたダイヤの流れは，「紛争ダイヤモンド」として問題視されるようになった。

紛争予防の観点からNGOや国際機関，業界が動いた結果，2003年から「キンバリー・プロセス証明」が発効した。これはダイヤモンド原石に関する原産地の国際認証制度で，「紛争ダイヤモンド」ではないことを証明するものである。日本でもこの証明書がないと輸入はできなくなった。

同様にコルタンという鉱石も問題視されるようになった。この聞き慣れない名の鉱石は2000年以降，IT産業の隆盛に伴って急速に需要が拡大している。コルタンを精製したタンタルという物質は高い耐熱性を持つため，携帯電話やノートパソコンなどのコンデンサーとして使用されるようになったからだ。日本も年間300トン以上の国内需要がある。

コンゴ民主共和国は全世界のコルタンの実に80パーセントを埋蔵すると推定されている。そしてこの鉱石もまた，武装勢力による不正採掘によって武器調達などの資金源になっているといわれるが，仲買人を介していったん国外に出てしまえば，原産地を証明することは難しいのが現状である。

しかしダイヤモンドにしろコルタンにしろ一番問題なのは，こうした鉱物資源をめぐる多大な利権と国際政治とが絡み合い，紛争を長引かせる要因となっていることであり，危険で苦しい思いをする労働者や国民には利益がほとんど還元されないことなのではないだろうか。

現代コンゴを読むアングル①

コンゴは本当に“貧しい”のか？

2003年度のコンゴ民主共和国における国民1人あたりのGNI（国民総所得）は100ドルである。同年の日本は3万5990ドル。両国国民の所得格差はざっと360倍にものぼる。

国連は2003年に，開発途上国の中でも特に開発が遅れている国としてLDC（後発開発途上国）を定めた。アフリカ34カ国を含め50カ国がこのLDCに分類されている。コンゴ民主共和国はこれに名を連ね，「最貧国」の仲間入りをすることになった。さらに，IMF（国際通貨基金）と世界銀行により認定された「重い債務を負っている途上国」（HIPCs：重債務貧困国，現在42カ国）にも名を連ねている。

数字だけ見ると，他のサハラ以南のアフリカの国々と同様，人々は貧困に押しつぶされそうになりながら毎日をぎりぎりの線で生きているという印象を受ける。しかし実際に現地を旅してみると，物乞いはほとんど見かけないし，むしろ人々は笑顔でのんびり暮らしている。金持ちのはずの日本人のほうがストレスで顔を歪め，ホームレスを生みだし，犯罪者を輩出しているように思える。

広大な国土を持つコンゴでは，都市部を除き住民の多くは自給自足的な暮らしを営んでいる。家の裏でちょっとした農作物を作り，余分は市場へ持っていく。市場は交換経済の場であり，現金は近所をぐるぐるとまわっているだけである。顔見知りに囲まれて生きる彼らは，お金がなくても暮らしていける社会を築いている。さらに金持ちは自国の通貨を信用せず，米ドルに換えて所持するから，こうしたお金は統計上の数字には表れにくい。

裸足の人が靴を履いている人より劣っているわけではないのと同様，自給自足的な経済の国と工業国として発展してきた国とを，単純にマクロ経済の数字だけで比較してもほとんど意味はない気がする。

コンゴ民主共和国の現在の国旗（2006年2月20日制定）。色は地が水色，星と帯の縁が黄色，帯の中央部が赤色。

内政は混乱し，経済も破綻し始める。

1994年　隣国ルワンダでフツ対ツチの内戦が勃発。ツチ人の犠牲者はルワンダ人口の1割にあたる約80万～100万人に上った。ウガンダがツチ人保護の名目で内戦に介入したため，大量のフツ人難民がザイール領に流れ込んだが，そこはツチ系住民の土地だったために衝突が起き，以降のザイール東部の混乱の原因となった。

1996年　中央政府が東部のツチ系住民バニャムレンゲを攻撃，排除し始める。これに対しローラン・カビラを議長とする反政府組織コンゴ・ザイール解放民主勢力連合（AFDL）がウガンダ，ルワンダ，ブルンジの支援を受けて反撃。

1997年　首都キンシャサ陥落。ザイール政府は崩壊し，モブツ大統領はモロッコに亡命（後に病気で死去)。カビラ議長が大統領に就任し，強権支配体制を確立，国名をコンゴ民主共和国に戻す。

1998年　カビラ大統領が政権内のツチ人を排除し始めたため，東部に基盤を置くコンゴ民主主義運動（後のコンゴ民主連合：RCD）が武装蜂起して内戦に発展。RCDをウガンダ，ルワンダが支援し，政府軍をジンバブエ，アンゴラ，ナミビアが支援。一挙に国際紛争の様相を帯びる。背後にはコンゴ内の豊富な鉱物資源の利権が絡む。

1999年　ザンビアのルサカで政府と介入5カ国が停戦に調印（ルサカ合意)。しかしすぐに戦闘が再開，停戦は事実上無効となる。カビラ政権の支配する西・南部と反政府勢力が支配する北・東部に国土は事実上分割された。この事態を受け国連コンゴ監視団（MONUC）が派遣された。

2001年1月　カビラ大統領が警備員に撃たれて死亡。その後，長男のジョセフ・カビラが大統領に就任。

2001年10月　エチオピアのアディスアベバで内戦の和平に向けた対話が持たれ，主要反政府勢力の3組織が共同声明に調印。

2002年12月　南アフリカのプレトリアで政府側と反政府勢力のコンゴ民主連合（RCD)，コンゴ解放運動（MLC）との間で暫定政権成立に関する包括和平合意が成立。内戦終結に大きく前進。

2003年2月　国連が報告書を発表し，反政府勢力のコンゴ解放運動（MLC）がイトゥリ周辺でピグミーらに対する残虐行為を行なっていたことを明らかにした。報告書には，兵士が若い女性を殺して食べたり，心臓を抉り出して家族に食べることを強要するなどのほか，組織的な略奪やレイプも横行していることが記されていた。

2003年5月　国連安保理は内戦が再燃したことを受け，フランス軍を中心とするEU多国籍軍をコンゴ北東部に派遣することを決定。紛争によるこれまでの国内死者は，累計で200万人に達するといわれている（周辺国を含めると250～330万？)。

2003年7月　和平合意に基づき，暫定政権が成立。

2003年9月　停戦監視と平和構築活動を続けていたEU多国籍軍が撤退。任務を国連コンゴ監視団（MONUC）の平和維持部隊に引き継いだ。

2004年6月　政府軍から分離した反政府勢力が東部の拠点ブカブを武力制圧，これを受けてカビラ大統領は国家非常事態を宣言した。10日後には首都キンシャサで武装勢力によるクーデター未遂が起きたが，政府軍によって鎮圧された。「第一次アフリカ大戦」とも呼ばれるこの地域の紛争は，解決の糸口がまるで見えない事態へ逆戻りしてしまった。

2004年11月　国連コンゴ監視団（MONUC）の一部要員が，難民女性に対してレイプや買春を行なっていた事実を国連当局が明らかにした。MONUCは1万人以上の平和維持部隊をコンゴ東部に派遣している。

2006年7月30日　史上初の国民投票による大統領選が実施されるも，過半数を獲得した候補者がなく，10月29日に上位2人（現大統領カビラと副大統領のベンバ）の決選投票が行なわれる予定。

■略史年表

2世紀以降　西アフリカ起源のバンツー諸民族が侵入・拡大。

5世紀以降　南部の現シャバ州の地域に鉄器文化を持つルバ人が栄える。

14世紀　コンゴ王国成立。

1482年　ポルトガル人のディオゴ・カンがコンゴ川河口に上陸。

1489年　コンゴ王国大使がリスボンに派遣される。

1491年　国王ンジンガ・ンクウがカトリックの洗礼を受ける（ジョアン1世）。

15世紀後半　ルバ王国の影響力が広がる。

16世紀前半　国王ンジンガ・ムパング（アルフォンソ1世）が西欧文明を積極的に取り入れる。

16世紀　ポルトガルによる奴隷貿易が本格化。コンゴは以降，奴隷供給地となり，コンゴ王国は衰退に向かう。

16世紀後半　内陸のルアラバ川流域にルンダ王国が栄える。

1665年　ポルトガル軍がコンゴ王国を攻撃，国王アントニオ1世が殺害される。

17世紀　コンゴ盆地中南部にクバ王国が栄える。

19世紀中頃　イギリス人宣教師D.リヴィングストンがコンゴ川上流を探検。

1878年　ベルギー国王レオポルド2世がコンゴ国際協会を創設。

19世紀後半　レオポルド2世の委託を受けたアメリカ人探検家H.スタンリーがコンゴ川全流域を踏破。

1885年　欧米14カ国が参加したベルリン会議により，コンゴ盆地条約が調印された。この条約によりコンゴは事実上，コンゴ自由国というベルギー国王の私有地となった。また周辺地域は正式にフランスの領有権が認められた。

1908年　コンゴ自由国がベルギー政府に植民地として譲渡され，ベルギー領コンゴとなる。

1950年代後半　コンゴ人同盟のジョセフ・カサブブや，コンゴ国民運動のパトリス・ルムンバらが独立運動を開始。

1959年　レオポルドビル（現キンシャサ）で独立を求める暴動。

1960年6月30日　コンゴ共和国としてベルギーから独立。カサブブが大統領に，ルムンバは首相に就任。

1960年7月6日　軍隊の反乱を契機に，コンゴ動乱が勃発。カサブブ大統領とルムンバ首相の対立，モイセ・チョンベによるカタンガ州（現シャバ州）の分離独立宣言，アルバート・カロンジによる南カサイの独立宣言，と政局は混乱のきわみに。

1962年　国連軍がカタンガ州に派兵。

1965年　欧米の支援を受けた中央政府が他派を一掃し，コンゴ動乱は終結する。国際紛争の様相を帯びたこの動乱の背後には，コンゴの豊富な鉱物資源をめぐる利権争いがあり，その構図は現在にも尾を引いているといえる。

1965年11月　国軍の最高司令官モブツ・セセ・セコがクーデターにより実権を掌握，大統領に就任。モブツは以後国を追われるまで，国外からの支援金を含め約50億ドルを着服したといわれる。

1967年　国名をコンゴ民主共和国に改称。

1970年　モブツ率いる革命人民運動（MPR）が一党独裁体制を敷く。

1971年　モブツ大統領が「ザイール化政策」を推進。これは脱植民地化の国づくりの提唱で，国名もザイール共和国と改称された。

1990年　民主化運動の高まりを受け，議会は憲法を改正し，複数政党制の導入を決定した。しかし

コンゴ民主共和国*を知るための基礎資料

＊正式名称　フランス語：République Démocratique du Congo／英語：Democratic Republic of the Congo

■ 概 要

【公用語】 フランス語（ただし住民の間では，国語としてのスワヒリ語，コンゴ語，リンガラ語，チルバ語の他，多数の言語が使用されている）

【民族】 大部分はバンツー諸語系民族であるが，北東部を中心にスーダン語系，ナイル語系民族も居住。200以上の民族が存在するといわれている。

【宗教】 キリスト教のカトリックが半数以上を占める。他に，プロテスタントが2割，イスラムが1割程度。またアニミズム的な伝統宗教も並存している。

【人口】 58,317,930人（2004年）［世界第22位］ **【人口密度】** 25人／km^2

【国土面積】 2,345,410km^2［世界第12位／日本の約6.2倍］ **【首都】** キンシャサ

【国内総生産（GDP）】 356億2,000万ドル（2003年）［世界第81位／国民1人あたり GDP＝600ドル／国民1人あたり GNI（国民総所得）＝100ドル］

【経済】 輸出の9割を鉱物資源が占める。コバルト，ダイヤモンド，銅，スズなどが主要産品。

【地理と自然】 アフリカ大陸のほぼ中央部に位置し，赤道付近を全長4,370km（世界第9位）の大河コンゴ川が流れている。コンゴ川流域はコンゴ盆地と呼ばれ，熱帯雨林気候を形成している。東部国境地帯には3,000m以上の山岳地帯があり，アフリカ第3の高峰ルウェンゾーリ山地の主峰マルガリータ（5,109m）はウガンダとの国境を分けている。また国境沿いのエドワード湖，アルバート湖，タンガニイカ湖は，アフリカ大地溝帯を形成している。イトゥリの森では1901年，オカピが見つかり，20世紀最大の哺乳類の発見といわれ話題を呼んだ。また北東部を中心にローランドゴリラが数千頭生息すると推定されているが，近年エボラ出血熱に感染して多数が死亡したとの報告もあり，確認が待たれている。

【社会と文化】 コンゴ川流域の広大な熱帯雨林には狩猟採集民ピグミーがもともと暮らしていた。その後，西アフリカからバンツー系の民族が侵入してきて，15世紀ごろにはコンゴ王国をはじめとする数々の王国がこの地に栄えた。ヨーロッパ人が初めてコンゴに到達したのもこのころで，以降は奴隷交易によって一時栄えたが，数世紀の間には膨大な人的資源が失われたことからやがて王国は衰退，滅亡への道をたどった。19世紀以降はヨーロッパ人による「探検」の舞台となり，やがてベルギーの植民地となる。独立は1960年。

多くの民族はキリスト教の布教を受け入れたが，伝統的な祖先崇拝を中心とするアニミズム的な精神世界も並存させ，儀礼用の仮面や彫像，太鼓などに代表される芸術性豊かな文化を築いた。またキンシャサで生まれたコンゴ・ジャズは，リンガラ音楽という呼称でアフリカのみならずヨーロッパにも広く愛好者がいる。熱帯雨林に住む人々の暮らしは，キャッサバやバナナ，アブラヤシなどを栽培する農耕が中心で，弓矢や槍による食用動物の捕獲も日常的に行なわれている。サバンナ地帯ではトウモロコシや雑穀もよく栽培されている。

著者紹介

船尾　修（ふなお・おさむ）

1960年神戸生まれ。写真家・フォトジャーナリスト。筑波大学生物学類卒（環境科学専攻）。アフリカとアジアをフィールドに，環境・文明・民族の視点から，人々の多様な文化や暮らしを撮り続けている。「地球と人間の関係性」が最大のテーマ。最近では，エチオピアの半農半牧民ハマルや，南アフリカのエイズ問題，パキスタン大地震などを取材した他，インダス川流域に暮らす民族と風土を継続的に撮影している。また先鋭的なクライミングやアフリカの知られざる山などに足跡を記す登山家としても知られている。2001年から大分県の国東半島に移住し，米を作るなど自給自足生活を試みながら，日本人の心の原郷を作品化する仕事にも取り組んでいる。主な著書に，『アフリカ　豊饒と混沌の大陸（全2巻）』『UJAMAA』（共に山と溪谷社）などがある。日本アフリカ学会会員。公式サイトは，http://www.atelier-hb.com/funao/

循環と共存の森から
狩猟採集民ムブティ・ピグミーの知恵

（検印廃止）

2006年10月10日　初版第1刷発行

著　者　船　尾　　修
発行者　武　市　一　幸

発行所　株式会社　新　評　論

〒169-0051　東京都新宿区西早稲田3-16-28
http://www.shinhyoron.co.jp
TEL　03-3202-7391
FAX　03-3202-5832
振替　00160-1-113487

落丁・乱丁本はお取り替えします
定価はカバーに表示してあります
印刷　神　谷　印　刷
製本　清水製本プラス紙工

Printed in Japan
ISBN4-7948-0712-0　C0036